在线旅游发展及旅游业供应链演变研究

路科　魏丽英　著

北　京
冶　金　工　业　出　版　社
2024

内 容 提 要

本书对在线旅游的发展现状以及旅游业供应链的演变进行了总结研究。全书共分7章，主要内容包括旅游业的发展回顾、在线旅游的发展及供应链视角的审视、在线旅游研究综述、供应链管理在旅游发展中的研究、在线旅游及相关概念辨析、旅游业供应链及相关概念辨析、在线旅游发展下的旅游业供应链演变。

本书的主要读者对象为旅游管理领域的研究人员、旅游管理专业的高校师生，也可供地方旅游管理政府机构及旅游企业管理者参考。

图书在版编目(CIP)数据

在线旅游发展及旅游业供应链演变研究/路科，魏丽英著．—北京：冶金工业出版社，2019.1（2024.1 重印）

ISBN 978-7-5024-7967-1

Ⅰ.①在…　Ⅱ.①路…　②魏…　Ⅲ.①互联网络—应用—旅游业发展—研究—中国　②旅游业—供应链—演变—研究—中国　Ⅳ.①F592

中国版本图书馆 CIP 数据核字(2019)第 006667 号

在线旅游发展及旅游业供应链演变研究

出版发行　冶金工业出版社　　电　　话　(010)64027926
地　　址　北京市东城区嵩祝院北巷 39 号　　邮　　编　100009
网　　址　www.mip1953.com　　电子信箱　service@mip1953.com

责任编辑　杜婷婷　美术编辑　郑小利　版式设计　禹　蕊
责任校对　李　娜　责任印制　窦　唯
北京捷迅佳彩印刷有限公司印刷
2019 年 1 月第 1 版，2024 年 1 月第 5 次印刷
880mm×1230mm　1/32；4.625 印张；137 千字；139 页
定价 32.00 元

投稿电话　(010)64027932　投稿信箱　tougao@cnmip.com.cn
营销中心电话　(010)64044283
冶金工业出版社天猫旗舰店　yjgycbs.tmall.com
(本书如有印装质量问题，本社营销中心负责退换)

前　言

互联网和信息技术的发展推动社会经济发生巨大变革，旅游业也在这巨大浪潮中不断转变。与传统旅游业的运营相比，互联网和信息技术带来的旅游业变革可谓翻天覆地，如在线服务商的兴起、旅游目的地在线网络的发展、旅游者利用互联网搜集旅游信息并制定旅游计划、在线支付、旅游后的网络回馈等，业界、学界将这些发展变化称为在线旅游，并给予关注和研究。

在线旅游的发展越来越显现出自身的价值和优势，在降低产品价格、加速信息流通、提升服务效率、弱化时空限制等诸多方面表现出独特的功效，尤其是目前移动互联网普及，旅游服务和消费的便捷度进一步提升，推动旅游消费需求和旅游供给发展不断迈上更高的台阶。总之，在线旅游拥有良好的发展环境，前景无可限量。

然而，繁荣景象的背后仍需警醒，变革浪潮涌动之下暗藏危机，越来越多的问题正逐渐显现，如在线旅游产品同质化、服务雷同化，在线旅游产业链构成节点之间存在着诸多亟待协调的矛盾关系，相关法律法规尚不完善，监管体制尚不健全等，需要寻找理论依据，深入开展研究，寻求解决之道。

供应链管理是一种先进的管理思想，广泛地应用在各个经济领域中，虽然其发展时间不长，但已经成为一种系统的管理理论。旅游业本身具有极强的综合性特征，在互联网的促进下，“旅游+”的多领域融合发展进一步丰富了旅游产品的上下游环节，这个复杂的生产系统恰恰为供应链管理思想的价值实现提供了广阔的发挥空间。国内外的诸多学者都已发现了供应链管理思想对于旅游业发展的适用性，开展了较为丰富的研究活动，本书也是在此方向下做的初步研究，具体包括在线旅游及旅游业供应链的研究述评、相关概念辨析及基本理论研究、在线旅游发展影响下的旅游需求变化、旅游供给变化、旅游业供应链的结构演变，以及相应的管理策略等。

本书内容涉及的研究工作得到黑龙江省普通本科高等学校青年创新人才培养计划项目“在线旅游发展对旅游产业链的影响与对策研究”（项目编号 UNPYSCT-2015104）、牡丹江师范学院学术创新拔尖型人才培养计划项目“在线旅游发展模式及走向研究”（项目编号 MQP201401）和西洋通用机械设备制造有限公司横向课题（项目编号 2018H25）的资助，在此表示感谢！本书在撰写过程中，参阅了国内外有关在线旅游等内容的文献资料，在此对其作者们表示衷心感谢！

由于作者水平有限，书中不足之处，欢迎读者不吝指正。

作　者

2018 年 9 月

目 录

1 旅游业的发展回顾

科学技术的发展推动着人类社会不断进步，这个事实从人类社会起源开始就从未停止。

第一次工业革命开始后，巨大的技术革新就使原本相对平静的商业世界竞争掀起了滔天巨浪，蒸汽机等一系列的科技产物及机械设备彻底改变了商业模式、社会体制和整个人类的历史。

当今，互联网和数字技术的不断革新正在带领人类社会进入又一次科技革命，商业世界竞争中已经汹涌澎湃的浪潮正席卷各个行业和领域。

在美国田纳西州孟菲斯，医药分销大型公司麦克森（McKesson），采用各种数字扫描器、传感器、物联网技术等，运用智能软件分析货物储存运输数据，从中挖掘各种潜在的时间、金钱、资源成本节约机会。在完成全美大约1/3的药品分销工作中，各类药品都从孟菲斯这里流向全美各社区药店和超市等26000多个客户，每天需要配送的药品达2.4亿片。但得益于互联网和数字技术的使用，麦克森的工作效率却取得了惊人的突破，整个分销网络库存成本比以往降低了10亿美元。

不仅医药领域如此，汽车、建筑、交通等各个领域都在经历着网络与数字技术的洗礼。不仅大的公司和市场领导者如此，中、小企业如果也在顺应时代变化，同样也能在浪尖上弄潮，借力远行。

美国的德尼汉酒店集团，是一家拥有50余年发展历史，具有中等规模的连锁酒店集团，一共有14家位于纽约、迈阿密、芝加哥等地的加盟店。在顺应信息时代发展的道路上，经过了10多年的努力，被称为美国“商业智能”成功典范的少数几个企业之一。该公司从20世纪90年代末开始重视网络及数字技术的应用，建立了一个现代化的网络管理数据分析部门。通过在线预订系统的使用，以及各种消费信息的收集和分析，实现推动收益、降低成本、为公司指出战略发展方向等重要目标，使公司在各类项目上的投资回报提升到了300%。

全球范围内的时代革命，这样的例子不胜枚举。互联网和数字技术的发展，正在快速地改变各个商业领域原有的运行模式，正在改变整个人类社会的生活状态。

我们应该以全新的眼光和视角进行审视，正视和把握科技革命带来的优势和机遇，同时洞察和淡化机遇中潜藏的威胁，使我们的工作和生活朝着更好的方向发展。

对于旅游业来说，经济发展和交通技术进步，高速公路、高铁、航空大面积覆盖，私家车大量普及，世界范围内都在进行着旅游大众化的发展浪潮。而互联网和数字技术的使用，移动终端和在线支付的推动，使在线旅游的发展带动着旅游业迈向了又一个全新的发展领域。

这一发展形势不仅给旅游者的消费需求拓展了巨大的发展空间，在信息技术的支持下，旅游者在掌握更多信息、资源、能力的同时滋生了更多的旅游动机萌芽，形成了目前旅游业消费需求不断丰富升级的态势。

与此同时，旅游业的供给也在不断吸纳、整合和汇聚着更多的资源加入其中。“旅游+”的理念使更多产业与旅游业融合，催生新的旅游吸引物和旅游目的地；“全域旅游”发展战略在提倡更多的资源分配关注或倾向促进旅游业的发展；“共享经济”正汇聚着更多民间闲置的资源流入到旅游业的发展浪潮中。

总之，互联网和数字技术发展下的在线旅游，正推动着旅游业朝向一个全新的局面迈进，要回顾历史，面向未来，总结以往发展道路的规律，深刻剖析各种新局面、新业态背后的机理，以求为旅游业的发展实践提供有益指导。

总结旅游业的发展演变，需要追溯旅游的发展历史，回顾人类社会历史发展中的旅游活动。旅游是人类社会产生后的行为，是人类文明史的组成部分。

虽然目前世界各国仍没有将旅游业单独列为国民经济中的一个产业部门，但旅游经济活动的规模和作用已经成为举世瞩目的焦点。

但从旅游活动的起源开始，直至旅游大众化的、产业化的发展，人类这种行为的目的、属性等均发生了极大的变化。从人们开始重视旅游这一活动并进行学术研究起，对于这一活动的界定就带有了现代旅游的属性，因此在回顾旅游发展史的过程中，一些定义的使用需要放宽现代的限制。这也是诸多学者在进行旅游发展史研究中的一贯做法。

1.1 旅游史研究中的概念界定

1.1.1 旅游史研究中的旅游

1.1.1.1 现代旅游定义

无论是理论上的定义，还是出于统计需要的定义，现代的旅游研究者几乎都是在社会学和经济学意义上来定义旅游的（王永忠，2004 年）。

德国蒙根·罗德（1927 年）认为旅游是那些暂时离开自己的居住地，为了满足生活和文化的需要，或各种各样的愿望，而在异地逗留的消费者与当地人的交往。

瑞士汉泽克尔和克拉普夫（1942 年）认为旅游是非定居者的旅行和暂时居留而引起的现象和关系的总和。这些人不会长期定居，并且不从事任何赚钱的活动。

美国马丁·普雷（1979 年）认为旅游是为了消遣而进行旅行，在某地逗留时间至少超过 24 小时。

中国于光远（1985 年）认为旅游是现代社会中居民的一种短期性的特殊生活方式，特点是异地性、业余性和享受性。

较为流行的是 AIEST（旅游科学专家国际联合会）的定义：人们向非永久居住地或非工作地旅行并在此处逗留所引起的相互关系和现象的总和。

在我国旅游研究及教育中较常使用的是李天元（2009 年）给出的定义，旅游是人们出于移民和就业之外的目的，暂时离开自己生活的惯常环境，前往他乡开展的旅行和逗留访问活动。

纵观上述定义，基本都包含了对于旅游活动几个基本内涵及特征的表述，即旅游是一种旅行与短期逗留相结合的活动，是一种非居住地的异地性活动，是一种非永久而暂时性的活动，是一种非移民或非就业的活动。

1.1.1.2 旅游史研究中的旅游内容

对于旅游史的研究，为了追溯旅游的起源，更系统完整的梳理旅游的发展脉络，学者们往往囊括了更多意义上的旅行现象，这从诸多旅游史著作的纲目上就有明显的体现。

对于西方的旅游发展史研究，往往包含了古希腊文明和罗马文明中的商贸旅行、军事侵略旅行、学者游学、中世纪的基督传教、大航海时代的殖民侵略旅行等。

对于中国的旅游发展史研究，同样包含了古代的中西通商、帝王巡游、文人游学等。

对于这些历史中的人类多种目的的迁移活动进行分析，都可以透视出在各种目的的旅行过程中，皆能促进地区间思想与文化的传播和交流，推动了人类文明的发展。这说明各种目的的旅行中人们的主观思想文化活动都会衍生超越原目的的限制活动，其中必定夹杂着休闲、娱乐、欣赏等主观活动，也即包含游的成分。因此，这样的研究范围和结果是有助于进一步推动旅游的理论研究和实践发展的。

1.1.1.3 旅游史中的旅游定义

诚如上述分析，由于人的主观思维活动是一个复杂、多元、开放的系统，在多种诸如商贸、军事、学习、传教等旅行活动中，受异地自然风貌、人文习俗等事项刺激，必然产生自然而然地欣赏、消遣、娱乐等思维及身体的体验，从而具有旅游的属性。

现代旅游是因人们先生“游”的动机而产生“旅”的行为进而完成旅游活动，而旅游史中包含的内容，更多是因人们的贸易、侵略、求学等其他动机而产生“旅”的行为进而附带了“游”的属性，但其最终也包含了旅游的特征。

以此来看，可以将旅游的动机和属性划分为两个部分，一是各种目的的旅行，如商贸运输、战争行军、求学之旅、帝王巡视、教士传教等；另一则是欣赏、审美、休闲、娱乐等。

由此，旅游史中的旅游往往前者是主导及核心，占有绝对的比重。而逐渐向现代旅游发展，后者慢慢增加比重地位，最终成为主导及核心。如图1-1、图1-2所示。

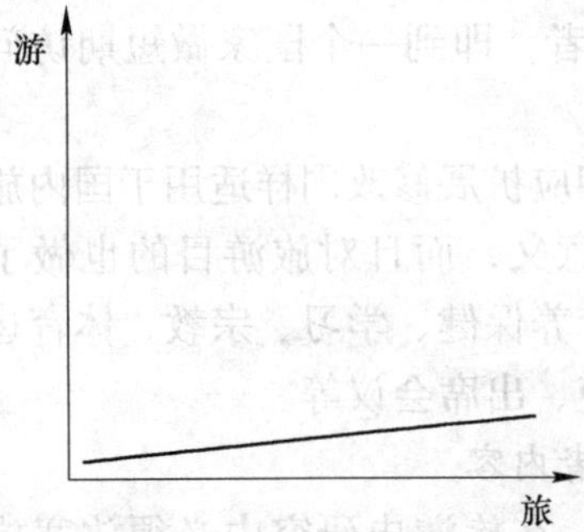

图1-1 历史中的旅游

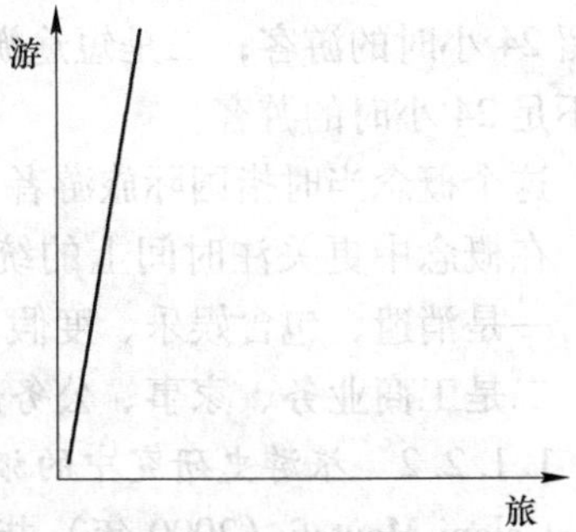

图1-2 现代的旅游

因此，在旅游史的回顾中，更倾向于认为旅游是人们出于政治、军事、生产、生活等各种目的，离开自己生活的惯常环境，前往他乡开展的旅行和逗留中包含的游览、消遣、娱乐等文化活动。

这个定义需要注意两点问题：

一是因其界定的旅游包含在其他各种政治、军事、宗教活动中，并无有效界限将其与主体剥离，且其旅游性质特征带有活动本体的根本属性，因此在旅游史的研究中，往往将其置于历史环境及本体活动中进行整体分析和讨论。

二是现代旅游强调一个从起点出发最终回到起点的闭环行程，因此定义中往往带有“暂时、短期”等论述。但在旅游史中，军事旅程中很多参与者战死他乡、宗教传道者很多移居他地、出访使节很多定居不返、求学学者很多择地而居，但往往并非本意且过程中的旅游特征不能忽略，因此该定义中并未对这一方面做出限定。

1.1.2 旅游史研究中的旅游者

1.1.2.1 现代旅游者定义

1963年，罗马召开的联合国国际旅游大会对于旅游者给出了三个定义。首先是采用游客作为总体定义，即游客指除为获得有报酬的职业以外，基于任何原因到一个不是自己常住的国家去访问的任何人。

其中包含两个组成：一是旅游者，即到一个国家做短期访问至少逗留 24 小时的游客；二是短途游览者，即到一个国家做短期访问逗留不足 24 小时的游客。

这个概念当时指国际旅游者，相应扩展修改同样适用于国内旅游者。在概念中更关注时间上的统计意义，而且对旅游目的也做了限定：一是消遣，包含娱乐、度假、疗养保健、学习、宗教、体育运动等；二是工商业务、家事、公务出使、出席会议等。

1.1.2.2 旅游史研究中的旅游者内容

Galani Moutafi（2000 年）指出，在旅游史研究中必须放宽旅游者的限制，穿过不同的地域，跨越人际的和文化的边界，探险者、传教士、殖民地官员、军事人员、移民者、流放者、家庭仆人、人类学家和旅游者，都有他们各自的旅行历史。

王永忠（2004 年）也指出，对旅游史中的人物研究既要包括历史上著名人物如哲学家、思想家、作家与诗人、学者、宗教创始人和领袖、传教僧侣、旅行家和帝王，也包括那个时代的平民百姓如商人、朝觐者的旅游，力图准确反映当时旅游的情况。

可见，目前学者对于旅游史中的旅游者与旅游一样是具有宽泛包容性的。

1.1.2.3 旅游史中的旅游者定义

综上分析，在旅游史的回顾中，更倾向于认为：旅游者是出于政治、军事、生产、生活等各种目的，离开自己生活的惯常环境，前往他乡开展旅行和逗留中进行了游览、消遣、娱乐等文化活动的人们。

1.1.3 旅游史研究中的旅游业

1.1.3.1 现代旅游业定义

产业是社会分工的产物，是具有某种同类属性的企业经济活动的集合。

一般对某种产业的界定表述指由利益相互联系的、具有不同分工的、由各个相关行业所组成的业态总称，尽管它们的经营方式、经营形态等有所不同，但它们的经营对象和经营范围是围绕着共同产品而展开的。

与国民经济中其他产业不同，旅游产业涉及诸多现有产业划分部门，是一个复杂的产业群交集，包括了旅游景点、旅行社和旅馆服务业、餐饮服务业、交通业、娱乐业和其他相关经营行业。这些行业往往同时也为非旅游者提供产品和服务。

因此，目前来看旅游业的概念和范围存在较大的模糊性和不确定性，这也是旅游业尚未被单独列为一个产业的主要原因。

为了研究和工作需要，目前常使用的旅游业定义为，旅游业是凭借旅游资源和设施，专门或者主要从事招徕、接待游客、为其提供交通、游览、住宿、餐饮、购物、文娱等6个环节的综合性行业。

1.1.3.2 旅游史研究中的旅游业内容

现代产业中旅游业的定义强调产业的系统完整性，强调分工的专门性和专业性，同时强调经济意义上的市场性特征。

在旅游史的研究中，古代的一些旅游活动往往不具有经济意义上的市场性，仅从托马斯·库克开始创办旅行社起才形成了旅游业的开端。

但古代一些旅游活动中，较早的也出现了一些为促进旅游活动繁盛而进行的交通、住宿、文娱等发展现象，如古希腊一些城邦中形成的节日庆典、古罗马时修建的交通道路、古代驿站的住宿餐饮服务等。

虽然够不上系统上的完整性，也不具备劳动分工意义上的专门性和专业性，但对于这些内容的研究也有助于认识旅游业的发展规律。

1.1.3.3 旅游史中的旅游业定义

在旅游史中分析旅游业的演变，更倾向于宽泛的审视，凡是对历史中的旅游活动具有推动或辅助性的生产发展行为，都属于旅游业的构成。

1.2 西方旅游发展史及旅游业的演变

学者王永忠（2004 年）所著《西方旅游史》对欧美5000 年

（前3000～2003年）历史中旅游活动的发展做了详细的论述，他主要以时间序列和丰富的史料梳理了欧美旅游强国的旅游发展史，是一部珍贵的著作。

为便于本书中的讨论分析，笔者主要以工业革命为时间点将西方旅游史划分为两段，重点以旅游活动类型和旅游者类别进行论述分析，重在讨论不同类型的旅游活动对于旅游业发展的影响。

1.2.1 工业革命前的旅游发展

工业革命前的旅游活动主要可以包括以下几种。需要注意的是，这里所述的旅游不同于现代旅游内涵，而从属于1.1.1.3节中旅游史定义的旅游范畴。

1.2.1.1 *贸易旅游*

贸易旅游是最先产生也是历史最悠久的一种旅游活动。当人类社会的生产不断发展满足自身需要后出现剩余的时候，出于发展需要人们开始了交换产品的贸易活动。

而随着贸易活动的异地进行和所跨地域范围的加大，陆地贸易及航海贸易中旅游活动随之发展而成。

（1）早在古希腊时期的美索不达米亚文明中就具备了旅游的传统，它所处的两河平原提供了丰富的物产，以及方便的内河航运和海上航行通道，培养了众多如商人和水手等的旅游者。

（2）而在希腊人以前，一个号称航海的民族——腓尼基人控制着古地中海的绝大部分商业航行。腓尼基的水手和商人组建了古地中海世界最庞大的航海贸易网络，发展起了繁荣的地中海贸易旅游，直到公元前8世纪。

（3）公元前2700年左右，埃及文明繁荣，与腓尼基、巴勒斯坦、叙利亚等地的贸易活动兴盛起来。由于陆路水路组成了发达的交通网络，商人的旅行日益普遍。

（4）罗马与东方的商旅通道——丝绸之路。陆路通道东起长安，西至罗马，由敦煌西出阳关后分为北、中、南三条路线。而海上通道由广东出南海，经马六甲海峡至印度洋，后经阿拉伯湾、红海而至地中海各港口。

1.2.1.2 军事旅游

伴随着贸易的兴盛和国家的强大，有野心的统治者往往发动军事战争侵略他国，掠夺资源和财富，从中也伴生着强迫性的非常规旅游活动。

(1) 大流士（前522～前486年）统治下的波斯帝国侵略希腊，为了加强统治，修建了先进的帝国大道，促进了旅行的发展。

(2) 亚历山大大帝（前356～前323年）统治下的希腊征服波斯、埃及、印度，将希腊文明传播各地。同时，随军的科学家和历史学家也对各地进行考察留下了许多各种性质的"游记"。

(3) 朱利乌斯·恺撒（前100～前44年）统治罗马时远征不列颠、高卢、西班牙，吞并埃及、叙利亚，留下了《高卢战记》《旅途杂记》等，其中有对军事旅游的详细记载。

1.2.1.3 帝王之旅

古时帝王出游虽然是个人行为，但帝王身份的属性决定了其旅行的主体必然是一个庞大的群体，且其影响必定广泛而深远。

(1) 罗马统治者恺撒与埃及女王克莉奥佩特拉的约会之旅，在埃及亚历山大城逗留9个月之久。

(2) 继恺撒之后的罗马统治者安东尼与埃及女王克莉奥佩特拉的约会之旅，克莉奥佩特拉乘坐奢华画舫与安东尼共游塔尔苏斯。

(3) 后任罗马统治者盖尤斯以声色旅游著称，为寻欢作乐建造气派游船，船上建设了客厅、浴室、花园等。

(4) 自称"艺术家"的罗马统治者尼禄，经常旅行到各地为观众们演出，并模仿奥运会设立了一个"尼禄竞技会"的公共节日。

1.2.1.4 求学旅游

在商贸活动的推动下，各个古代文明之间不断互相交流学习，不仅因为旅途中的学习培养了许多伟大的学者，也在文明的交融和宣传中促使更多求知的人加入到了旅游队伍之中。

(1) 希腊哲学的先驱泰勒斯（约前624～前547年），曾经从事经商而各地旅行，在埃及旅游时学会了数学、几何、天文学等带回希腊，并进一步自我发展成为"希腊七哲人之首"，从而开始了希腊哲学的发展。

（2）毕达哥拉斯（约前580～前500年）少年好学，曾在各地求学旅游30年，到访过阿拉伯、叙利亚、腓尼基、迦勒底、印度和埃及等地。

（3）柏拉图（前427～前347年）曾游历埃及和小亚细亚，访问意大利等。

（4）亚里士多德（前384～前322年）更提倡求学之旅，他的学派有别称为逍遥学派，他强调在休闲和逍遥的状态下学习知识的重要性。

（5）波力比阿（前201～前120年），希腊历史学家，曾旅游高卢、拜占庭、阿尔卑斯山及地中海广大地区，丰富的游历支持他著有40卷的《历史大全》。

（6）波西东尼（前135～前51年），罗马哲学家，也是罗马时代著名的旅行家。

（7）维吉尔（前70～前19年）和贺拉斯（前65～8年），罗马最伟大的两位诗人，都酷爱旅游，曾结伴搭乘航船、马车、轿子，并步行做了一次横穿意大利的旅行。两人都留下了脍炙人口的诗作。

（8）斯特拉波（前58～25年），罗马地理学家，游历欧亚非广大地区，写成《地理学》《历史》两部著作。

（9）普林尼（23～79年），博物学家、地理学家及军事家，旅行足迹遍布罗马帝国，随身携带速记员，留下巨著《自然史》。

（10）索斯托（50～117年），罗马艺术评论家，以亲身的旅游经历提出了“大自然的美胜过任何艺术品”的观点。

（11）中世纪产生了大学，如巴黎大学、牛津大学、剑桥大学、波伦亚大学、那不勒斯大学等。各地来到大学求学的学生进一步推动了求学之旅的发展。

（12）文艺复兴时期诸多巨匠如薄伽丘、达·芬奇等以旅游追求自身文学和艺术的提升，成就伟大业绩。

1.2.1.5 宗教旅游

中世纪基督教兴起之后，宗教的传播与盛行推动了宗教之旅的发展。按旅游者的身份来划分可以分为两种活动：一是布道者的传教旅游；另一是信道者的朝圣旅游。

(1) 彼得在地中海东部沿岸传教，还传到吕大、约帕、恺撒利亚、罗马等地。

(2) 保罗的三次著名传教之旅。首次到小亚细亚地区传教，二次传教至叙利亚、马其顿、希腊，三次传教至加拉太、弗吕家等地。

(3) 尼尼安、科伦巴到苏格兰地区传教旅游等。

(4) 4 世纪上半叶西班牙修女爱赫丽雅的朝圣之旅，留下了《朝拜圣地日记》。

(5) 中世纪诸多知名基督徒如西蒙、威廉、迪奥巴尔德、弗朗西斯等前往康珀斯泰拉朝圣。

(6) 16 世纪罗明坚、利玛窦、巴范济以及随行 13 名耶稣会士开始东方传教旅程，包括晚明时期的中国。

1.2.1.6 殖民之旅

自 15 世纪开始，葡萄牙、西班牙等国相继开始了大航海时代的殖民之旅，他们不断探险开拓新的航线、侵略并殖民其他地区，同时也带动了旅游的发展。

(1) 葡萄牙的航海与殖民。航海家亨利王子探航北非，发现大西洋边缘三大群岛；共萨尔维什捕获非洲黑人；航海世家迪亚斯绕航佛得角；费尔迪什南探航几内亚等。最终由罗马教皇授权葡萄牙占有沿非洲海岸向印度航行时发现的地区。

(2) 西班牙的航海与殖民。哥伦布的四次航海勘探了古巴和海地，考察了洪都拉斯和哥斯达黎加；麦哲伦的环球航行，命名麦哲伦海峡；获得教皇授权亚速尔群岛以西地区殖民地等。

(3) 法国的航海与殖民。卡尔帝尔探航圣劳伦斯河口；在美洲大陆阿卡迪亚、魁北克、蒙特利尔建立殖民地等。

(4) 英国的航海与殖民。约翰霍金斯贩卖非洲黑奴；托马斯卡温蒂的环球航行；德雷克大败西班牙舰队；挫败荷兰和法国后取得世界的制海权和控制了广阔的殖民地。

(5) 荷兰的航海与殖民。科内利斯绕航好望角；瓦尔维克通商中国；相继在北美、南美、非洲建立殖民地。

(6) 俄国的航海与殖民。16 世纪末探航白海、亚马尔半岛及北冰洋以西地区；17 世纪到达东北亚海岸；18 世纪征服西伯利亚和阿拉斯加等。

1.2.1.7 节日娱乐

贸易的兴盛促使社会经济发展，人们便拥有了更多的财富和闲暇时间，从而促使更多的娱乐活动产生。与此同时，宗教的出现起到了很大的集会活动的推动作用。二者结合之下，诸多缘起于宗教并附带娱乐活动的节日就产生了。

（1）古希腊的阿波罗神节日等。人们观赏神圣游行、表演体育和音乐竞赛、派遣使节团到异地庆祝等。

（2）罗马时期的狼神节、农神节、花神节等。罗马的节日同样多来源于宗教，各种节日盛多，全年主要节日100多个。在各种祭神的节日盛会上，各地人们赶到相应的神庙祭祀、游行、狂欢。

（3）中世纪时由基督教产生的主显灵节、复活节、耶稣升天节、圣诞节等。各地人们在节日里停止工作，参加或参观教会举行的仪式及典礼游行等活动。

1.2.1.8 体育旅游

（1）古代奥运会始于公元前776年，到公元394年被罗马人废除，每4年一次，共持续了一千多年。当时的奥运会已经成为区域国际性的旅游吸引物，参赛者的名单几乎包含所有希腊城邦和殖民地的选手。

（2）毕替运动会，每4年一次。

（3）奈美运动会，每2年一次。

（4）伊斯米运动会，每2年一次。

（5）罗马的竞技运动，包括斗牛、驾车、角斗、摔跤、拳击、田径等。其中较为血腥的是模拟海战、斗兽和角斗。模拟海战是人工湖上战俘和罪犯的真实杀戮，斗兽和角斗也是战俘、奴隶、罪犯之间，或与猛兽之间的真实杀戮，这些血腥运动受到疯狂的欢迎，吸引了众多的游客观赏。

1.2.2 工业革命后的旅游发展

工业革命后科技进步主导了旅游的发展，科技进步对于旅游的促进主要体现在交通的大发展之上，因此可将其划分为交通变革的三个发展时代。

1.2.2.1 轮船时代的旅游发展

蒸汽机的发明使航海动力得到了迅猛提升，开启了轮船时代的旅游发展。

（1）1790 年约翰·菲奇首次成功制造可以航行的蒸汽船，并航行 3000 多海里。

（2）1807 年罗伯特·富尔顿制造成功第一艘商业蒸汽船，开始了商业航行。

（3）1833 年，“皇家威廉号”汽船从新斯科舍航行到英国，并进行了横跨大西洋的首次尝试。

（4）1840 年塞缪尔·肯纳德建立了横越大西洋的定期航线。

（5）1899 年长达 215 米的“大洋号”8 天完成大西洋航程。

（6）1912 年排水量达 46000 吨的“泰坦尼克号”豪华游船从南安普顿驶往纽约，但不幸碰撞冰山沉没。

1.2.2.2 铁路时代的旅游发展

蒸汽机车和铁轨的发明使陆路运输能力和速度飞速提升，促进了旅游的大发展。

（1）1830 年斯蒂芬森发明轨道机车“火箭号”，首次将运输成本和速度超越公路和水路。

（2）19 世纪下半叶，欧洲铁路进入成熟发展阶段，美国也取得了飞速的发展。

1.2.2.3 汽车和飞机时代的旅游发展

内燃机的发明大大提高了发动机的热转换效率，汽车和飞机的时代使旅游更加方便快捷。

（1）1883 年德国发明家戴姆莱成功研制第一台以石油为燃料的内燃机。

（2）1892 年德国工程师迪塞尔制造了高压缩型自动点火内燃机，进一步提高了燃烧效能。

（3）1885 年戴姆莱和本茨发明了内燃机驱动的三轮汽车。

（4）1890 年本茨制成了四轮内燃机汽车，并成立了汽车公司。

（5）1892 年美国人福特研制了美国第一部汽车，并成立了汽车公司。

(6) 1903 年莱特兄弟制造了第一架内燃机飞机。

(7) 随后，汽车和飞机的不断改进带动旅游发展进入了高速轨道。

1.2.3 西方旅游业的发展

如上定义所论述，回顾发展史中旅游业的形成应是审视是否具有利益相互联系的、具有不同分工的各个相关生产领域或活动存在，辅助或推动了旅游活动的发展，并且以其丰富程度和系统完整性来评判其发展成熟度。

1.2.3.1 西方旅游业的萌芽

从西方旅游发展史来看，对有助于旅游活动发展的交通、食宿等的相关建设活动很早就有涉及，但一如上述各定义中所论述，其目的性多是非旅游而军事、商贸等，但对于旅行均有促进。

到了罗马帝国时期，诸多具有更大辅助旅游发展的目的倾向性措施出现，诸如旅游吸引物、私人饭店、社交中心、导游和翻译、旅游购物等，基本呈现了旅游业的萌芽。

代表性的建设活动简列如下：

(1) 波斯帝国时期为便于军事侵略及统治，建设了先进的交通系统，包括中途的驿站。间接鼓励了横跨大陆的商队贸易旅行和文化传播。

(2) 古希腊促进商贸发展的环境营造：包括商事法院法官公正迅速裁决争端，尊重外来商人和船主，采用宽厚的法令和谨慎的监督等，都促进了外地商贸旅客的到来。

(3) 古罗马的道路及驿站设施等。1) 罗马人因军事和行政目的修建了发达的道路网，且笔直宽阔，质量远超以往。道路网共有道路 372 条，连接意大利、法国、德国、荷兰、希腊等地，四通八达，留下了“条条大路通罗马”的美誉。2) 沿途驿站设施通常有设施良好的旅店、商店、沙龙等，部分政府拥有管理，大部分饭店私人管理。3) 路上还有出售《旅游手册》，介绍道路、驿站、距离等信息。4) 阿尔卑斯山的湖泊、庞贝古城等避暑胜地，塔兰托、巴亚等避寒胜地，金字塔、神庙、节日、血腥竞技活动等都形成了丰富的吸引物，招来旅游者观赏。5）设有专门的学校培养角斗的战俘、奴隶等培训机构。6）流行的公共浴室和餐厅囊括了现代饭店的主要功能，起到了接待和社交中心的作用。7）亚历山大等中心城市提供导游和翻译人员，为旅游者服务。8）城中诸多商店出售精美手工艺品。

1.2.3.2 西方旅游业的雏形

中世纪时期，旅游活动在原有发展基础上更上层楼，而且专门针对旅游发展的一些深度措施出现，如对旅游者的管理、旅游环境保护等，使旅游业进一步出现雏形。

代表性的措施简列如下：

（1）14 世纪指导朝圣旅游的手册中首次出现了关于旅游对文物古迹的破坏，并且描述了以围墙隔离旅游者接触古迹的措施。

（2）此时还出现了统治者对于旅游者的管理规定，同样出现在朝圣旅游中。如英王理查德二世要求朝圣者必须携带许可证，成为现代护照制度的前身。

（3）同时，专门为固定朝圣旅游群体设立的接待设施出现，基督教世界的每个城市都必须设立专门的朝圣者客栈，并有专门的基督徒志愿者提供服务。

（4）中世纪在交通要道、旅游胜地、城市接待中心出现更多私营旅馆，如阿尔卑斯山等胜地周围出现更多小旅店；城市旅管的规模和功能更趋向现代，有酒坊，分上下等客房，有专人照料马厩，丰富了诸多专门提升服务质量的措施。此外，还使用了利于客人辨认的文字标记和图形标牌，可称为品牌视觉识别的雏形。

（5）中世纪另一推动旅游发展的举措就是由教廷和政府推动了为服务旅游者的交通和治安改善，由教廷提倡修缮和保养道路，由政府颁布法令采取措施保护旅游者免除盗匪困扰。

1.2.3.3 西方旅游业的形成

工业革命后，科技进步使交通设施朝向专门服务旅游者发展，旅行社等专业旅游服务机构链接了诸多服务旅游者的生产服务系统，并推动整体进一步发展，使西方旅游产业真正意义上形成。代表性的事件如下：

(1) 专门性的豪华游船出现，例如排水量46000吨的“泰坦尼克号”，有众多豪华客舱和服务设施，可容纳旅客约3000人。

(2) 19世纪铁路的发展使旅游出行大大缩短时间并降低费用。例如从伦敦到艾克赛特的280千米路程，原本马车需要21小时，每千米费用3.1生丁，而火车出现后只需4小时，每千米费用降至0.78生丁。再如从芝加哥到纽约马车原本需要3星期，铁路出现后只需要3天。

(3) 1841年托马斯·库克组织了首次包价旅游，并成立了第一家专业旅行社。

1.3 中国旅游发展史及旅游业的演变

中国的旅游发展史同样悠久，古时的旅游活动很多类似于西方旅游史的内容，但受到近现代历史的实际限制。

封建主义社会后期及半殖民地半封建主义的社会发展阶段，使中国经济的发展落后于同时期的西方工业革命及后续发展时期，且接续的国民革命战争、抗日战争、解放战争等这段战乱时期进一步阻碍了旅游的发展。

我国虽然在辛亥革命后就出现了第一家旅行社，但直至改革开放后，我国真正意义上的旅游业才算正式开始。

因此，下面以辛亥革命为节点将中国旅游发展史划分为两个阶段进行分析。

基于对西方旅游强国发展经验学习的目的，上文对西方旅游发展史进行了较为详细的分析论述，我国旅游发展史的论述定位于与西方的对比，并基于国内读者对于我国历史的熟悉。

1.3.1 辛亥革命前的旅游发展

辛亥革命前的旅游活动与西方旅游发展基本相同，同样这里所述的旅游也不同于现代旅游内涵，而是一个宽泛的旅游范畴。

1.3.1.1 贸易旅游

我国历史历朝历代的分分合合中，广大地域上东西南北各地域都有丰富的贸易往来，与其他国家的贸易也是十分丰富。代表性的如：

国内西南部的“茶马古道”商旅贸易，国内东北部的“渤海古国商贸古道”的商旅贸易，贯穿中西的商旅通道——“丝绸之路”的商旅贸易等。

1.3.1.2 军事旅游

我国悠久历史中会爆发战争，古时正统和蛮夷的民族歧见和欺压反抗往往催生了军事战争，有野心的统治者不断发动战争，掠夺资源和财富，其中同样伴生着非常规旅游活动。

(1) 秦始皇一统中国的南征北讨。

(2) 汉武帝平定西北少数民族侵略的征讨。

(3) 元朝北出蒙古南定中原的宏伟征途。

(4) 清朝西出山海关一定江山的统一战争等。

1.3.1.3 帝王之旅

我国历史上各朝代同样有喜好游玩的统治者，诸多历史遗迹和建筑都是历史的见证和说明。

(1) 位于葫芦岛的碣石宫遗址是秦汉皇帝出游的巨大行宫，可见帝王巡游的盛况。

(2) 历代皇帝的泰山封禅活动。

(3) 位于承德的清代皇帝行宫——避暑山庄，同样可显现帝王之旅的历史现实。

1.3.1.4 求学旅游

中国自古主张“行万里路，读万卷书”，在旅行中增加见闻，增长学识，历代不乏诸多求学旅游人士。

(1) 司马迁曾到西南、洛阳、辽西等地旅游，足迹遍及西汉版图疆域。

(2) 著名的文学家和诗人李白、杜甫、陆游、柳宗元、欧阳修、苏轼等都是喜欢游学的知名人士，留下了许多脍炙人口的游记诗词，如《望庐山瀑布》《望岳》《醉翁亭记》等。

(3) 医学家李时珍旅行考察，采集中草药，编写药学经典《本草纲目》16部52卷。

(4) 地理学家徐霞客22岁起进行旅行考察，足迹遍及江苏、浙江、山东、山西、河北、河南、广东、广西、湖南、湖北、云南、贵州等16个省，存留40余万字的《徐霞客游记》。

1.3.1.5 宗教旅游

自佛教传入中国，僧侣香客的旅行活动也屡见不鲜，其中尤以玄奘和鉴真最为知名。

(1) 法显（334~420年），东晋著名僧人，公元399年从长安出发，千辛万苦到达印度，在印度逗留15年返国，写成《佛国记》，是世界上最古老的万里游记。

(2) 玄奘（602~664年），唐代著名高僧，法相宗创始人。为了追寻佛教理论本源并探究佛理，于唐代贞观元年艰苦西行约五万里，历经艰辛到达印度佛教中心求取真经，逗留17年，留有记述他西游经历的《大唐西域记》12卷。四大名著之一的《西游记》即是以玄奘取经事迹为原型。

(3) 鉴真（688年~763年），唐代著名高僧，律宗三派南山宗的传人，也是日本南山律宗的开山祖师。应日本僧人邀请，先后六次东渡，弘扬佛法，传播博大精深的中国文化。

1.3.1.6 外交之旅

中国自古以来不乏英明的统治者，主张民族融合、和睦相处，频繁开展丰富的外交活动，增进与周边国家的交往与文化交流。

(1) 张骞，汉武帝时期出使西域，被匈奴囚困十余年后逃回，被汉武帝封为“博望侯”。

(2) 王昭君，汉元帝时期宫女，与匈奴和亲停战，促进了北方部落和大汉朝的融合，被称为中国古代四大美女之一。昭君出塞的故事至今仍千古流传。

(3) 郑和，明成祖时期七下西洋，与几十个国家建交，完成了伟大的壮举。

1.3.1.7 节日娱乐

中国自古以来节日盛多，多是缘起于神话传说，人们在节日期间出游庆祝。

(1) 清明节，又称踏青节，古时人们踏青春游，并开展一系列体育活动。宋代吴惟信有诗《苏堤清明即事》描写：梨花风起正清明，游子寻春半出城。日暮笙歌收拾去，万株杨柳属流莺。

(2) 三元节，上元指农历正月十五，中元指农历七月十五，下元指农历十月十五。分别用以纪念道教三元大帝，节日时人们多赶至道观三元殿进行庆祝。

(3) 上巳节，农历三月三日，传说为炎黄祖先黄帝的诞辰，节日时人们汇聚陵庙庆祝。此外，上巳节不仅是祛邪求吉的节日，还是中国真正意义上的情人节，是野外春游的节日，《诗经》中有文字记载，比西方的情人节早出现1000 余年。唐朝诗人杜甫有诗描述这一习俗："三月三日天气新，长安水边多丽人。"

(4) 重阳节，也称登高节，农历九月初九。重阳时节人们多进行登高望远、赏菊赋诗等习俗。唐代王维有诗《九月九日忆山东兄弟》描述：独在异乡为异客，每逢佳节倍思亲。遥知兄弟登高处，遍插茱萸少一人。

1.3.1.8 体育旅游

(1) 蒙古族传承的"那达慕大会"，多举行骑马、摔跤、射箭等竞技活动。

(2) 南方部分地区的龙舟赛。

(3) 藏族地区的赛马会等。

1.3.2 辛亥革命后的旅游发展

辛亥革命至今，中国的经济发展具有三个明显的阶段特征，可以作为分析旅游发展的时代背景：一是战争时期的经济破坏；二是中华人民共和国成立初期的经济恢复；三是改革开放的经济起飞。

1.3.2.1 战乱时代的旅游发展

辛亥革命到中华人民共和国成立之前，中国经历了国民革命、抗日战争、解放战争等战争时期，虽然整体来看旅游发展受到阻碍，但此时也出现了因时而生的诸多旅游形式，尤其陈光甫建立了中国第一家旅行社，是中国旅游发展的一个里程碑。此时形成的几种旅游形式有（王淑良，2005 年）：

(1) 以欣赏传统文化而进行的读书行路、以文载游、学术调查研究的旅行形式，以欣赏祖国的自然山水与文物古迹为内容。

(2) 国家危机激发下的诸多爱国人士，顺应中西文化融合形式，出现的以游学求知、考察访问、寻找救国真理为内容的旅行形式。尤以学习吸取西方先进科学文化、欣赏游览西方的自然与人文景观为主。

(3) 在帝国主义侵华战争不断扩大形势下，出现了以爱国卫国、反对侵略战争为内容的旅行形式。它以爱国宣传、弘扬民族文化、考察调查，建设开发大西南，欣赏边疆的自然与人文景观为主。

(4) 参观游览，度假消暑，朝山进香，庙会赶集等间歇性的旅行形式，它以欣赏定时定点的人文自然景物与宗教景观为主。

1.3.2.2 中华人民共和国成立初期的旅游发展

中华人民共和国成立之后的30年，中国在国外敌对势力压迫、国内经济百废待兴的紧迫形势下，旅游的发展受到诸多限制，基本呈现两种状态。

(1) 经济水平的低下和物质的短缺匮乏严重制约了国人对旅游的需求，同时也限制了社会各界差旅活动的发展，总体而言没有促进国内旅游市场化发展的经济环境。

(2) 为缓解紧迫的国际政治环境形势，旅游部门的主要任务是服务于外交工作，承担接待国际友人来华访问的政治任务，政治性旅游大于商业性旅游。

1.3.2.3 改革开放的旅游发展

改革开放实施之后，中国旅游发展开始迈入正轨。党中央重视旅游发展，短短约40年时间，我国成为世界旅游大国并不断向旅游强国迈进。根据这段发展历程的特征，主要呈现三种态势。

(1) 入境旅游为主的集中发展。改革开放前10年，基于经济发展需要和外汇需求，国家注重发展入境旅游，决策符合国情实际，但仍带有部分政治色彩。

(2) 入境旅游和国内旅游的并行发展。改革开放的第二个10年，国民经济提高，国民收入增加，国内旅游需求增长，国家开始同时积极发展国内旅游。

(3) 入境旅游、国内旅游、出境旅游的全面发展。接下来的20年，国民经济收入进一步提升，国内旅游需求飞速扩大的同时，出境旅游需求不断扩大，旅游的三驾马车开始同步进发。

1.3.3 中国旅游业的发展

1.3.3.1 中国旅游业的萌芽

从我国旅游发展史来看，对有助于旅游活动发展的交通、食宿等的相关建设活动同样很早就出现了。

至唐宋时期，经济与文化的发展推动了各种形式的旅游系统建设，例如私营旅馆日益兴盛，纸币交子的出现同样更有助于旅游发展。

此外，还出现了地方官吏组织的团体旅游活动，如宋仁宗皇佑2年（1051年），杭州太守范仲淹为赈济灾民，利用湖山景色、古庙名寺吸引游客，并在太湖举办划船比赛，收入用于救济灾民。同样，此时期辅助推动旅游发展的活动缺少专门目的性，因此仅可称为呈现了旅游业的萌芽。

1.3.3.2 中国旅游业的雏形

辛亥革命后，中国旅行社的建立，是中国开始了专门机构经营旅游活动的发端。但是受到当时政治、军事活动的社会环境影响，旅游活动并未能形成规模性的生产经营，因此将其视为我国旅游业出现雏形。

1.3.3.3 中国旅游业的形成

改革开放后初期，入境旅游的发展更多的体现的是经济发展和赚取外汇的目的，旅游发展的专门性进一步体现，相关行业的配套发展基本满足，使我国旅游产业真正意义上形成。

2　在线旅游的发展及供应链视角的审视

2.1　在线旅游的发展

互联网自20世纪90年代在我国发展以来，始终保持着迅猛的发展势头，在经历了自身技术不断更新提高的发展后，凭借着网络信息共享、开放双向沟通、平等自愿自由等优势特征逐渐渗入了各个传统产业和市场发展进程当中，并日益成为无可替代的角色担当。

它在与传统行业和市场经济活动彼此渗透融合的发展过程中，越来越发挥着简化甚至再造流程、降低生产及营销成本、提升生产、销售、服务效率等一系列的积极作用。

旅游业也不例外，同样徜徉在这互联网发展的巨大浪潮之中。携程等在线服务商的兴起、各旅游目的地在线网络的发展、旅游者利用互联网搜集旅游信息并制定旅游计划、在线支付、旅游后的网络回馈等，互联网在整个旅游业的运营各环节中扮演着丰富的角色，并且在降低产品价格、加速信息流通、提升服务效率、弱化时空限制等诸多方面表现出独特的功效，尤其在目前移动互联网的普及状态下使旅游服务和消费的便捷度进一步提升，也推动着旅游消费需求和旅游供给发展不断迈上更高的台阶。

2.1.1　互联网是在线旅游发展的基础和动力

2.1.1.1　互联网在不断普及发展

信息技术的不断应用以及互联网的迅速普及，以令人惊讶的速度深入到了人们日常生活和国民经济生产的各个环节、各个方面，直接引发了人类社会的又一次发展变革。

根据中国互联网络信息中心（CNNIC）在2018年初发布的第41次《中国互联网络发展状况统计报告》的数据显示，我国网民规模到2017年12月底已达7.72亿，互联网普及率为55.8%。如图2-1所示。

图2-1 中国网民规模及互联网普及率

资料来源：第41次《中国互联网络发展状况统计报告》。

报告数据还显示，我国手机网民规模到2017年12月底已达7.53亿，占全体网民比例已上升至97.5%，网民手机上网比例在持续攀升。如图2-2所示。

图2-2 中国手机网民规模及占网民比例

资料来源：第41次《中国互联网络发展状况统计报告》。

2.1.1.2 互联网是旅游信息发布的主要平台

旅游业是综合性极强的产业，传统6要素观点下包含了“食、住、行、游、购、娱”各个方面，涉及广泛的市场供应商都需要不断向消费者传递产品及服务信息。

此外，旅游业发展对目的地城市的整体经济推动作用效果明显，促使各旅游目的地的管理部门也十分重视旅游目的地整体形象等方面的宣传和相关服务信息传递。

在互联网发展之前，传统的旅游信息发布形式一般来说依靠传统主流媒体，如报纸、电视、广播、杂志等，以及旅游目的地及供应商组织的各类旅游博览会、展销会、旅游大篷车活动等。

从改革开放我国开始大力推动旅游业发展起，在互联网发展之前这段相当长时间内，旅游目的地和各类供应商基本都采用上述模式和渠道进行宣传营销和传递信息，相比较起来那时的旅游宣传和信息传递不仅方式单一，而且成本较高。

随着互联网的兴起和信息化时代的发展，互联网在旅游业中渗透应用速度极快且效果明显，在很短的时间内就改变了原有的旅游信息传递渠道和模式，使互联网逐渐成为旅游目的地和旅游供应商对外宣传发布旅游信息的重要平台。

早在20世纪90年代中期，我国就已经出现了旅游电子商务网站。时至今日，旅游目的地以及各类旅游供应商基本都建有各自的旅游信息发布网站，例如各旅游城市的宣传网站、酒店、景区的经营网站、旅行社/旅游服务公司的经销商网站、交通运输企业的网站，以及专门进行在线旅游服务经营的企业（OTA）网络平台等，数量何以万计。

这些网站或平台因其各自目的性，向旅游者传送着大量的信息资源，供旅游者进行筛选使用。

在发展之初，带有市场经营性质的各类旅游供应商、经销商应该说是这些网站或平台的主要群体，主要向旅游者传送旅游产品及服务的信息。

在经历了一定的发展时期后，旅游目的地的整体管理和营销理念日益受到重视，旅游电子政务以及目的地营销系统逐渐发展起来，信息化的发展使旅游业的运营管理经历了前所未有的转变。

从国家层面来看，早在2000年10月，国家旅游局（现中国文化和旅游部）就开始建设“金旅工程”。该工程是国家信息网络系统的重要组成部分，按照该工程的规划目标，它是一个覆盖全国旅游部门且连接“国家—省—市—企业”四个层级的旅游计算机网络系统，包括内部办公网、管理业务网、公众商务网和公用数据库四个组成部分，集旅游电子政务、旅游电子商务、公共数据库于一体，并与国际接轨，为世界旅游电子商务市场的发展提供必要服务。

从各地区的发展来看，自20世纪末起，我国部分旅游先导地区就开始建立自己的旅游目的地网站。到21世纪初的几年，基本各个省份都开始通过网站发布旅游业的相关政务信息，以及旅游目的地的宣传信息。

除此以外，在一些世界性的重大活动时机，互联网更是创造了旅游目的地进行宣传和信息发布的大好机遇。例如北京奥运之机、上海世博会之机，以及即将到来的北京冬奥会之机等，都是互联网一展身手的大好机遇。

信息时代发展下，互联网成为人类社会发展和世界经济运行的纽带。在旅游业的发展系统中，互联网成为主要的信息发布平台。

2.1.1.3 互联网是游客获取信息、预定消费的主要渠道

一方面，由于旅游产品的综合性、生产消费同时性、异地性等特征，游客对旅游信息的需求性、依赖性相较于其他产品很强，例如要了解旅游过程“食住行游购娱”的各个方面信息，旅游的异地性使游客在获得一定的旅游信息后才能具有安全感，生产消费同时性使得游客在获取一定信息后才会相信旅游消费质量会有所保障等。

基于这些旅游产品特性影响下的信息需求欲望，游客往往在进行旅游决策以及外出旅游前，通过多种途径搜集相关旅游产品信息支持决策，并在决策后进一步收集旅游目的地等信息以便于提升旅游体验质量。

不仅如此，即使在整个旅游过程中，游客对各种旅游信息的需求持续存在。例如为了了解某个旅游吸引物更深层次的背景或文化，了解某种旅游纪念品的质量判断标准等。

在互联网发展之前，游客获取上述旅游相关信息的渠道主要是上述的当时主流媒体以及相关活动，或者在旅行过程中收集来自景区、

宾馆的宣传手册，购买旅游目的地准备的旅游指南，或者通过亲朋好友的口述宣传等。而网络时代的到来，互联网迅速成为游客获取各类旅游相关信息的主要渠道。

另一方面，在线支付和移动支付的发展，进一步刺激越来越多的游客通过网络进行旅游预订，如购买机票、车票，预订酒店宾馆，购买景区门票，以及包价旅游产品等。

根据中国互联网络信息中心（CNNIC）在2018年初发布的第41次《中国互联网络发展状况统计报告》的数据显示，截至2017年12月底，我国在线旅行预订用户规模达到3.76亿，在线旅行预订比例达到48.7%；通过手机进行旅行预订的用户规模达到3.40亿，比例达45.1%。

此外，不得不说明的还有一个问题，就是越来越多的游客在旅游过程之中，以及结束之后，会通过网络，尤其是手机等终端设备发布旅行感悟、旅游照片，或者关于旅游产品和服务、旅游目的地的评价等，来完成旅游信息的一种回流。

2.1.1.4 互联网的普及影响着游客行为的各个方面

（1）游客依靠互联网的信息源，开始从被动接受旅游产品转变为主动参与产品生产过程。随着网络的兴起普及，游客获取各类旅游信息的主动性、便捷性、全面性不断增强，极大地改变了原本游客信息不对称的被动局面，游客可以自主提出更多产品组合需求，参与产品生产。

（2）在线预订系统的不断完善和移动支付的普及，使越来越多的游客自主进行旅游产品组合。在互联网的推动下，越来越多的游客根据自己的个性化需要，通过互联网查询个人需求相关的各种旅游信息，进一步查阅旅游供应商的产品和服务，并借助互联网渠道进行多方对比，包括产品内容对比、价格对比、评价对比等，然后自主制订旅游行程计划并组合旅游产品。

（3）新媒体的出现使游客反馈信息流越来越通畅、规模化发展，这既为游客提供了表达旅游体验、评价旅游产品、扩大旅游社交的渠道，同时也为游客制定旅游计划、实施旅游决策提供了越来越丰富的参照和引导，促使更多的游客将参照群体描述作为旅游信息收集时的重要内容，游客根据自己的个人习惯和偏好，利用不同的工具进行参照群体信息搜索，信息搜索行为的多样化特征越来越明显。

(4) 互联网还推动着更多的旅游活动跨越了经济范畴，彰显着越来越多的社会性，例如具有环保意识的群体自发组织公益性环保宣传旅游活动，具有爱心的群体自发组织贫困或灾区帮扶游活动等等。

总之，互联网的不断发展不仅改变了传统包价旅游的局面，使得旅游朝向游客需求更具有丰富的个性化特征，而且也在不断地影响到社会发展的各个层面。

2.1.2 我国在线旅游市场的发展历程及现状

2.1.2.1 我国在线旅游市场发展历程

随着互联网发展和在线旅游服务的出现，以在线旅游经销商（OTA）为动力的在线旅游市场不断发展起来。

需要说明的是，因为本项研究所持有的在线旅游观点更为宽泛，因此这里仅以在线旅游市场为讨论内容，特指旅游者在线进行旅游消费的意义范畴，而关于笔者对在线旅游概念以及观点的论述将在后文详细讨论。

从搅动在线旅游市场的主体企业发展来看，也是诸多学者所持有的公认看法，我国在线旅游市场的发展历程大致可分为三个阶段：即1999～2003年的探索期，2004～2006年的市场启动期，以及2007年至今的高速发展期。

至于部分学者所持有的在线旅游市场将在2018年之后逐渐进入应用成熟期的看法，笔者持有不同看法。诸多学者研究中指出在线旅游市场的发展还存在众多问题，解决这些问题并非一朝一夕，而且部分问题根源深入，需要法规和制度的完善支持来进行解决，在线旅游市场的成熟发展还是一条较为长远的道路。

(1) 在互联网不断发展的触动下，自1999年起，携程、艺龙等在线旅游经销商相继成立，开启了我国在线旅游市场的探索之路。

但受到互联网经济发展不稳定的影响，2001年互联网经济的低谷以及2003年大规模性非典病情的爆发，使得在线旅游市场发展受到阻碍。这在另一方面也充分体现了旅游业的依赖性和敏感性特征。

也在提醒我们进行旅游业规划管理时应更多地关注旅游业应对风险、弱化依赖性和敏感性的防范研究。

(2) 一直到2003年12月和2004年10月，携程及艺龙分别在美国纳斯达克上市，旅游业也逐步走上正轨，在线旅游市场随之开始复苏。接下来的几年内，同程、去哪儿、途牛等OTA企业相继成立。到2006年，港中旅、中青旅、康辉、国旅等传统旅游服务商线上分支也进入市场，国内外的传统航空公司也随之跟进，使得我国的在线旅游市场全面启动。

(3) 从2007年起在线旅游市场开始进入高速发展期，以在线旅游服务为主营业务的服务型电商相继崛起，许多OTA企业纷纷上市。随着我国旅游业整体的飞速发展，在线旅游市场也进入了高速发展时期，但与此同时的市场竞争也越来越白热化。

2.1.2.2 我国在线旅游市场发展现状

我国旅游业整体不断飞速发展，旅游接待人次逐年提高，旅游消费收入已成为巨大经济蛋糕，促使在线旅游市场主体不断思考创新、改进。

据公开数据显示：2015年，我国旅游市场在线渗透率为13.1%；2016年，在线旅游渗透率达到15.8%；到2017年，在线旅游渗透率提升到16.5%。而相比较下，印度这一比率已超过30%，更不用说欧美等世界旅游强国高达50%左右的比率了。可见，中国在线旅游市场仍有巨大发展空间。

从目前在线旅游市场主体的各种改革措施来看，可以体现目前我国在线旅游市场现状的以下几个特征：

(1) 积极布局线上线下一体化发展。为改善在线旅游产品和服务“不接地气”的缺陷，进一步拓展市场空间，各在线旅游企业正全面布局线下产业链条，建立旅行社门店，从线下扩充用户量，发展线上线下联动运营的新模式，从而提高盈利空间。据公开数据显示，“携程”旅游投资整合下的“去哪儿网”和“旅游百事通”的线下门店布局发展迅速。其他各企业也在积极进行发展布局。

1)“旅游百事通”目前已有遍布23个省市的超过5500家门店。

2)“去哪儿”虽然布局较晚，从2016年年底才开始进行发展，但目前门店也遍布20个省市达到了近500家的数量。

3）“同程”2015年起开始实施落地战略，目前已经成立了华南、华北、华东、华西、华中等一级运营中心、全国近30个地级市的二级城市运营中心。

4）“途牛”的区域服务中心已经达到180家，遍布全国各地。

5）“驴妈妈”采用与地方旅行社合作以及控股的方式开拓线下门店，目前在全国100余个城市设立了子公司，拥有实体店超过2000家。

（2）关注消费者个性化需求。随着居民经济水平不断提升，收入的增加和闲暇时间的增多推动着旅游者的需求朝向越来越个性化的方向发展。在线旅游企业面对需求发展态势也在不断朝向该方向努力，正越来越关注消费者的个性化需求。

一方面，在传统的共性需求发展下，不断关注仍然具有共性的个性化需求延伸。

1）积极了解客户信息及现实情况。例如客户在航班延误时提供相关信息更新、提供餐厅、了解目前的状况有没有改善；收集客户评价，了解他们说了什么，分析他们与自身品牌的关系有多深入；关注社交媒体，客户对企业有何建议，在客户与企业的下一次互动时该如何采取行动等。

2）积极发展智能通信渠道。例如设置聊天机器人或智能虚拟助理，为客户提供自助服务，以缓解人工服务的排队困境。

3）积极确保人文关怀。例如对复杂性需求提供额外关注和持续关注；设置科学的交接制度保障智能通信不能处理的复杂问题及时有人工服务跟进等。

另一方面，每个在线旅游企业都在以自身的市场细分和目标定位关注个性化需求的发展。

1）“携程”将细分领域专注到了无线领域。2010年10月正式发布无线战略，2013年提出“拇指+水泥”的移动战略。此外，携程还推出高端旅游品牌“鸿鹄逸游”，目标市场瞄准“高净值”人群，提供世界奇景、蜜月假期、健康回春、美食购物、轻度冒险、庆典赛事等多个旅行主题。

2）“去哪儿”在许多新领域都加大投入，例如公寓、租车等方面。

3）“途牛”在细分市场的特征举措是“一对一的旅游顾问服务”，以及关注自驾游产品方面。

此外，在许多更加细分的特色领域、垂直领域快速成长起来一批在线市场主体，成为在线旅游市场整体规模化下的个性化点缀。

1）“6人游”——专注小团队自由行定制服务的平台。

2）“海玩网”——专注海外旅游目的地线路预订的平台。

3）“发现”——专注出境游服务的平台。

4）“去兜风”——专注户外探索旅行的预订平台。

5）“学程旅游网”——专注学生团体旅游定制服务的平台等。

（3）创新拓展利润空间。互联网和信息技术的发展为在线旅游发展提供了越来越多的机遇，也会引领在线旅游企业关注更多市场机遇，从而拓展更多利润空间。

例如旅游与金融的结合发展，旅游与人工智能的结合应用，以及旅游与其他产业融合的创新发展等等，都将成为在线旅游市场主体不断参与的新的盈利空间。

2.1.3 我国在线旅游发展显现的问题

繁荣发展背后仍需我们正视的是，在线旅游市场高速发展的同时却显现着越来越多的问题，而且巨大发展浪潮的背后还隐藏着更多含而未露的危机。

2.1.3.1 产品问题

虽然目前从表面上看，在线旅游发展一片繁荣，各在线旅游企业业务规模量在不断增长，但实际的状态是产品的单一和同质性规模发展，背后隐藏着价格战的阴影导致企业利润率降低。

归根结底首要的问题是要解决众多在线旅游产品同质化、服务雷同化，缺少创新的问题。

产品的单一和僵化会使客户的忠诚度下降，而同质化的产品竞争进一步引发价格战，所以当务之急是各在线旅游主体要深入思考如何改变产品状态，创新开发产品及服务。

2.1.3.2 上下游企业关系问题

在线旅游产业链各环节节点之间的合作并非顺畅友好，存在着诸多亟待协调的矛盾关系。

例如2016年1月，“去哪儿”出现了严重的合作伙伴信任危机，因为单方面收取违规的机票退改签费用，以南方航空公司为首的多家航空公司陆续宣布暂停与“去哪儿”合作。

再如，由于航空公司、宾馆酒店与OTA企业之间的利益纷争，促使航空公司、宾馆酒店积极大力建设自身的官网和APP，不断弱化OTA企业合作话语权，试图绕过OTA企业直接面向旅游消费者，并获取和维系客户资源。

2.1.3.3 市场秩序问题

由于相关法律法规尚不完善，监管体制尚不健全[1]，目前在线旅游市场诸多纠纷事件发生，引起极大不良反响。

例如，OTA企业与消费者的纠纷层出不穷，涉及各个方面，恶意取消机票、恶意取消房间预订、无法实现预订产品及服务的兑现、机票登机遇阻等等，而且往往在出现纠纷后伴随着消费者维权困难等现象。

2.1.4 我国在线旅游的未来发展环境分析

2.1.4.1 政策环境分析

各类不断出台的旅游政策文件中，明晰地显示着国家对旅游业发展的重视以及对在线旅游发展的关注和支持。

（1）我国政府已经明确地将旅游业定位为我国国民经济发展的战略性支柱产业。2016年起国务院已经将“全国旅游业发展规划”纳入国家“十三五”重点专项规划行列，这已经充分表明了党和政府对旅游业的重视和支持。

（2）面向互联网时代的发展国家层面已经提出了“互联网+旅游”发展战略。

---

[1] 全国旅游监管服务平台已于2018年7月1日在全国全面启用，未来旅游监管服务将有极大改善。

2014 年被国家旅游局（现为文化和旅游部）确定为“智慧旅游年”，积极鼓励在线旅游企业借助云计算技术、互联网/移动互联网技术、智能终端等先进手段，提升在线旅行预订的服务品质和用户体验。

2015 年“旅游 + 互联网”大会中，国家旅游局（现为文化和旅游部）明确表示要大力促进发展旅游新业态，为在线旅游业全面松绑，将旅游业列入国家整体的“互联网 + ”发展工程之中。

(3) 我国政府出台政策为在线旅游企业发展积极拓展融资渠道，鼓励金融机构加大对在线旅游企业创业和发展提供信贷支持。

在政策引领下，社会资本掀起投资旅游的热度浪潮，同时促进了行业内部的投资及并购，直接促进了在线旅游发展整体环境的改善。

(4) 在法律法规建设方面，我国政府已经启动针对在线旅游发展的相关法规和管理办法的制定，积极致力于推动建立在线旅游市场的良好秩序，以及严格规范的市场准入机制，保障在线旅游健康发展。

尽管国家颁布的《旅游法》并没有针对在线旅游进行专门规定，但 2014 年 7 月，国家颁布的《旅行社产品第三方网络交易平台经营和服务要求》《旅行社服务网点服务要求》等 5 项旅游业行业标准对在线旅游经营服务已经做出了初步规范。

各地政府也在积极制定相关管理办法及规范来进一步完善管理体系。例如 2016 年 12 月湖南省出台了《湖南省实施〈中华人民共和国旅游法〉办法》来进一步贯彻实施《旅游法》，该法中包含了有针对性的依据实际网络旅游问题对在线旅游市场的发展进行治理的详细内容。

2.1.4.2 经济环境分析

一方面，从目前的发展现状看，我国的经济发展已经进入新常态。

中国的经济增速连续保持在 6.7% ~6.9% 的中高速区间运行已经达到了 12 个季度，其波动区间仅仅有 0.2 个百分点。

如此窄幅的经济波动在历史上可以说从未有过，可见我国经济发展处于持续平稳的增长状态中，而且这一增长还是在中国经济总量突破80万亿元的巨大基数基础上，这足以说明中国整体的经济发展韧性更强，经济高质量发展的底气也更足。

这也强有力地保障了为我国在线旅游以及整体旅游业的发展提供良好的经济环境基础。

另一方面，从未来的发展趋势看，良好的经济发展基本面并辅之以有利的经济发展政策环境，为我国未来经济发展稳中向好提供了强有力的保障和支撑。

首先，国家大力推动供给侧结构性改革，改革过程中“加减法”并重，同时强调注重改革的制度供给和改革的协调性、配套性，强调改革过程中实施供给体系的“存量优化”和“增量提升”并举。

其次，国家新的发展战略中提倡扩大内需与结构调整相结合，积极推出污染防治、精准脱贫、乡村振兴等发展战略；积极推进交通通信、教育文化娱乐、医疗保健等改善型、服务型消费，助力巩固消费的基础作用；全方位提升对外开放水平，积极推动跨境电商等贸易新业态加速发展。

总体来看，中国经济稳中向好的发展态势没有变，具备保持稳定增长的巨大潜力和坚实基础。中国的未来经济发展环境将能一如既往地为在线旅游以及整体旅游业发展提供强有力的保障和支撑。

2.1.4.3　社会环境分析

（1）互联网普及率不断提高，为在线旅游消费提供了充足的社会群体基础。据中国互联网络信息中心（CNNIC）数据显示，截至2017年12月底，我国网民的数量规模已经达到7.72亿，互联网普及率持续提升，比2016年底增加2.6个百分点，已经达到55.8%。

（2）作为互联网发展弱势地区，农村网民数量也在不断提升，这一网络普及社会结构的不断改善将更好地促进在线旅游的发展。2017年底我国农村网民数量规模已达2.09亿，占比为27.0%，较2016年增幅为4.0%。

（3）我国个人互联网应用保持快速发展，网民消费使用手机网上支付比例增长至65.5%，手机支付正加速向农村地区网民渗透，这种种社会消费习惯都将成为推动在线旅游不断发展的动力。

（4）虽然我国目前网民以10～39岁群体为主，占整体网民的

73.0%。但与2016年底相比，我国60岁以上高龄群体的网民占比有所提升，互联网正继续向高龄人群渗透并保持增长。这对于我国老龄化趋势的社会人口特征来说，将为在线旅游发展增加更大的市场空间。

2.1.4.4 技术环节分析

首先，移动支付手段正日渐普及，呈现出逐渐替代现金支付的局面，已经成为首选的支付方式。移动支付的稳定发展为在线旅游预订的便捷性、及时性、安全性提供了强有力的技术推动。

其次，各种新兴技术的发展正不断促进在线旅游消费及产品和服务质量提升。例如，数字地图、智能穿戴、虚拟现实等技术正逐渐在在线旅游市场中应用，代表性的艺龙率先将VR虚拟技术应用在了酒店预订系统中。

总之，在线旅游发展正拥有着良好的发展环境，未来发展海阔天空。

2.2 供应链管理视角下的审视及研究方向

2.2.1 供应链管理视角审视在线旅游发展的适用性

供应链管理思想是目前世界上最先进的管理思想之一，广泛地应用在各个经济领域中，虽然其发展时间不长，但已经发展成为一种系统的管理理论。

供应链的提出最早出现在20世纪80年代左右。

在发展之初，供应链仅被视为一个企业内部的物流过程，它的提出主要是为了谋求解决企业内部的物质存储和流通不畅等问题，实现降低企业内部管理成本的目标。

但在不断深入研究发展过程中，逐渐发现仅只研究企业自身内部问题，却忽略企业之间的合作与冲突，忽视企业合作者之间的联系，往往造成企业之间利益目标的矛盾无法协调。因此，供应链的概念不断扩展，逐渐发展到涵盖了整个产品生产过程所涉上下游的系统范畴。

具体而言，供应链是指围绕核心企业，从配套零件开始到制成中间产品及最终产品、最后由销售网络把产品送到消费者手中的一个由供应商、制造商、分销商直到最终用户所连成的整体功能网链结构。

虽然起源于制造业，但现在供应链管理思想已经广泛地服务于各领域，包括服务业以及其他新兴产业领域。

供应链的价值体现在其总是为企业的整体战略服务，为企业最终目标的实现协调各节点之间的关系，并规划物流、资金流与信息流的畅通与优化，进而实现价值体现。

旅游业本身具有极强的综合性特征，旅游产品和服务又包含了“食住行游购娱”等多领域内容。在互联网的发展促进下，“旅游+”的多领域融合发展进一步丰富了旅游产品的上下游环节过程，这个复杂的生产系统恰恰为供应链的价值实现提供了广阔的发挥空间。

供应链以其连接供需两极协调全局的本质实现“供有规，求有应”，避免单个主体行为的盲目性和不经济性，最终实现整体系统的效率提升。

国内外的诸多学者都已发现了供应链管理思想对于旅游业发展的适用性，开展了较为丰富的研究活动，相关内容将在下一章节中详细论述，这里不做详细阐述。

2.2.2 供应链管理视角审视在线旅游发展的研究方向

现有的供应链管理视角进行的旅游发展研究，多集中在以下几个概念的延伸范畴：

一是旅游供应链，虽然这个概念是个较为含混的提法，且常常在研究中出现与其他几个概念不规范的混合替代使用，但从目前较多的研究来看，这个概念大多是指旅游产品供应链的研究。这个研究范畴内学者主要关注从产品角度如何实现企业间的协调与合作，以及各企业间的利益关系。

二是旅游服务供应链，这是从服务的角度出发，研究旅游系统中各服务组成之间的衔接与价值创造，但在实际研究中往往也会出现与旅游产品供应链不规范替代使用的情况。

三是旅游业供应链，这是从产品层面放大理论应用范围，从产业层面研究旅游业所涉及的各行业之间的供应链组建、结构，以及角色功能等内容。

本书即是从旅游业供应链这一层面入手，分析在线旅游发展的影响下，整体旅游业供应链的结构变化及管理对策等问题。具体而言包括：在线旅游发展研究、旅游业供应链发展研究、基本概念及理论研究、在线旅游发展影响下的旅游需求变化、旅游供给变化、旅游业供应链结构演变，以及相应的管理策略等。

3　在线旅游研究综述

在线旅游的提出和发展主要是受到网络和信息技术的兴起和发展所推动。

从某种程度上来说，信息技术的发展和互联网的普及渗透，彻底改变了旅游经济活动所涉及的各方面信息的产生、传递、储存、搜索等方面的传统模式，旅游供需双方在这种改变的推动下积极应用互联网和信息技术及设备发布信息、传递信息、搜索信息并利用信息，力求满足各自的需要，实现自身目标。

互联网和信息技术的应用推动在线旅游迅速发展，在信息流动和利用的不断深入变革下，逐渐改变着旅游经济活动的运行模式，以及旅游产业结构的变化。

以此来看，从信息学的视角来审视在线旅游发展的研究，如图3-1所示。能够抓住旅游业目前发展变革的主线，全面系统地审视研

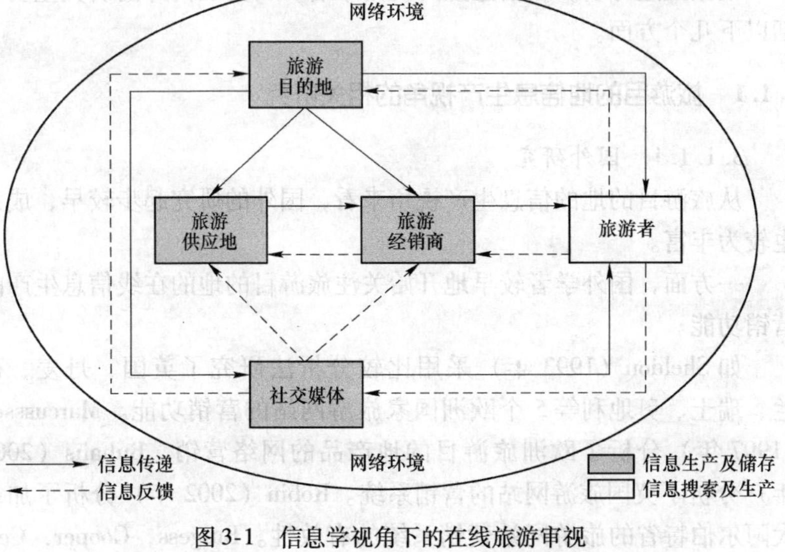

图 3-1　信息学视角下的在线旅游审视

究现状，明晰成绩与不足。

3.1 信息生产视角下的在线旅游研究

从信息生产角度来看，旅游目的地、旅游供应商、旅游经销商、社交媒体、旅游者等都是具有信息生产属性的主体。

按照其信息生产内容和目标的差异，可以将其划分为三类信息生产主体。

一是旅游目的地的建设以及宣传过程的信息生产，往往依托政府门户网站或专门的旅游门户网站进行信息存储和传递。

二是旅游供应商和旅游经销商的旅游产品和服务的开发及销售过程的信息生产，拥有自身的经营网站或平台存储及传递信息。

三是旅游者的消费及反馈评价、交流等过程的信息生产，往往通过上述各类网站或平台，以及论坛、贴吧等其他社交媒体的交互性进行信息存储和传递。

需要指出的是论坛、贴吧等其他社交媒体的组织管理下，针对某一专题的旅游评论等具有了一定的组织生产性质，所以图 3-1 及分析中把社交媒体也作为信息生产主体之一。

根据上述分析，在信息生产视角来看，目前国内外的研究主要包括以下几个方面。

3.1.1 旅游目的地信息生产视角的相关研究

3.1.1.1 国外研究

从旅游目的地的信息生产视角来看，国外的研究起步较早，成果也较为丰富。

一方面，国外学者较早地开始关注旅游目的地的在线信息生产的营销功能。

如 Sheldon（1993 年）采用比较分析法研究了英国、丹麦、荷兰、瑞士、奥地利等 5 个欧洲国家旅游网站的营销功能。Marcusssen（1997 年）分析了欧洲旅游目的地产品的网络营销。Buhalis（2002 年）分析了英国旅游网站的营销系统。Robin（2002 年）分析了加拿大阿尔伯特省的旅游网站营销系统的有效性。Burgess，Cooper，Cerpa 等（2005 年）分析比较了智利与亚太地区的旅游目的地之间的网络营销功能。Kozak，Bigne，Andreu（2005 年）分析了地中海地区的国家网络旅游促销功能。Chagas（2008 年）对比分析了欧洲国家与巴西之间的旅游目的地网络营销效果。Diaz-Luque（2009 年）分析了官方旅游网站与目的地城市营销之间的关系等。

另一方面，国外的相关研究还涉及了旅游目的地在线信息生产的质量等方面。

Kempa（2003 年）对澳大利亚的政府旅游主管机构、旅游行业组织、旅游企业等设立的旅游网站进行了系统的研究，他指出这个由上述三类旅游网站构成的旅游目的地信息服务的网络系统，共同为澳大利亚的海外游客提供信息，极大地提高了海外旅游者对所需旅游信息的知晓度和透明度，并为海外旅游者提升在澳大利亚旅游消费的满意度和忠诚度提供了有力支撑和保障。

Luisa Mich，Mariangela Franch，Umberto Martini（2005 年）则提出一种质量模型以及旅游目的地网站模块化的评价方式。

Pierini（2007 年）从旅游目的地网站翻译质量角度系统地调查分析了英国和意大利的旅游网站等。

3.1.1.2 国内研究

相对而言，国内对于旅游目的地的研究起步较晚，时间较短，因此尚未有学者专门在此角度开展研究，仅有从旅游目的地的网络营销角度开展研究的成果，也涉及部分在线信息生产内容，如冯宗宪（2002 年）研究了网络环境下旅游目的地的营销策略。高静、齐天峰、章勇刚（2007 年）对国内 31 个省的官方旅游网站营销功能进行评估，指出目的地的在线旅游营销必须与目的地整体营销战略相适应。

3.1.2 在线旅游企业信息生产视角的相关研究

3.1.2.1 国外研究

在此视角下的国外研究并不是很丰富。

Sigala，Mich，and Murphy（2007 年）认为旅游者日益丰富的个性化消费需求促使旅游业的信息密集性特征日益明显，给旅游企业及从业人员提出了更大的信息服务挑战，要求旅游企业及从业人员提供高质量的信息生产服务来应对。

3.1.2.2 国内研究

相对而言，国内这一视角的研究较多关注信息生产所体现出的企业运营模式以及存在的问题。

李雪梅（2007 年）通过对代表性旅游企业网站的运营环境、服务类型、营销方式等方面的差异对比分析，指出中国在线旅游企业网站的运营存在简单化、同质化的问题，相比较于欧美的集团化业务协作具有相当大的差距。

张文华（2008 年）同样分析了我国在线旅游企业的盈利模式及问题，并指出“大而全”的综合在线旅游服务和“小而专”的特色在线旅游服务是未来发展的主要趋势。

任嘉（2009 年）分析了在线旅游企业的六种盈利模式，指出在“佣金”式、“传统 - 网络”式之外，还有信息生产特征较为明显的“搜索 - 比价”式、“信息平台”式、“网络直销平台”式，以及“解决方案”式等，并进一步衡量了每种模式的所处地位和未来发展趋势。

3.1.3 旅游者信息生产视角的相关研究

旅游者在消费过程中产生的行为数据经过有目的性的筛选，会为旅游目的地和旅游企业提供很有价值的商业信息，旅游者在消费后所进行的旅游目的地或旅游产品及服务评论同样也会成为旅游目的地及旅游企业进行改进的有用信息。

在此视角下国内外学者都展开了丰富的研究。

3.1.3.1 国外研究

国外如 Irem Arsal 等（2008 年）调查分析了 8 个国家的在线社区网络帖子，发现这些目的地社区的经验信息与旅游者的决策行为有着直接的关联，尤其来自本地居民的餐饮、目的地安全、旅游行程优化等信息影响力很大，而来自经验旅游者的住宿、交通、旅游行程等建议信息则具有更大影响力。

Ulrike Gretel（2008年）等分析了“TripAdvisor”[1]上的评论信息，探究了其对旅游者的预订行为以及旅游行程规划的影响。

Qiang Ye等（2009年）收集旅游网站内旅游者的在线评论信息，利用数学模型来评估这些在线旅游评论信息对酒店预订的直接影响。

Yeong-Hyeon Hwang等（2013年）采用文本分析方法分析了在线旅游论坛中的国际游客所留信息，旨在发现国际游客的实际信息需求。

Astrid Dickinger等（2013年）分析了“TripAdvisor”上的用户评论以及评论回复信息，探讨酒店的级别与评论及回复之间的关联。

Ana Maria Munar等（2014年）通过对旅游社会媒体的研究，分析了旅游者在互联网分享旅游信息的动机以及影响因素。

3.1.3.2 国内研究

国内对此领域的研究目前也受到较多关注。

朱峰（2006年）等分析了“艺龙网”的酒店点评信息，从旅游者的角度分析了客房和餐饮服务，以及相关设备设施等与酒店总体服务质量的互动关系。

路紫（2007年）等收集“行知天下”旅游网等网站的消费者访问信息，包括访问时间和访问者个人信息，研究实际客流量与网络访问量是否存在一定关联。

熊伟（2010年）等分析了旅游目的地城市和经济型酒店的在线旅游者评论信息，评价了经济型酒店的服务质量，指出了消费者最关注的服务质量影响因素，并探讨了餐饮服务和网络环境与酒店总体服务质量的相关性。

姚占雷（2011年）等分析了“携程”、“同程”和“驴妈妈”的网络游记信息，分析了华东首批国家5A级景区的景点热度与景区之间的共现关系。

程萍（2012年）等分析了与“艺龙”相关的“新浪微博”信

---

[1] TripAdvisor，官方中文名为“猫途鹰”，收录逾5亿条全球旅行者的点评及建议，覆盖超过190个国家的700万个酒店、餐厅和景点，并提供丰富的旅行规划和预订功能。

息，指出了微博发布的时间、内容等与对潜在旅游者吸引力之间的关联影响。

刘益（2014 年）等分析了“大众点评”网上热门旅游景区团购的交易信息，指出了景区知名度、团购折扣率、团购人数及满意度与购买意愿之间的关联性。

3.2 信息传递视角下的在线旅游研究

3.2.1 信息传递的技术应用研究

3.2.1.1 国外研究

国外在该视角下的研究，首先较早的是从信息技术对网络营销信息传递的影响方面开展的研究，如 Pauline（1994 年），Mine（1994 年）对旅游网络营销的信息传递技术进行分析。Cooper（2002 年）分析了旅游目的地在线营销中的互联网技术应用。而到了移动信息技术兴起后，Lubbe，Louw（2010 年）分析了消费者的移动技术和设备准备性与其所获得信息和服务感知之间的直接关系等。

3.2.1.2 国内研究

国内由于早期信息技术的落后，并未开展相关研究，目前对此方面研究的关注也并不高，仅有学者从中外对比角度进行了研究。如龚绍方（2004 年）对比中外旅游网站指出我国旅游网站的软、硬件问题，进而提出旅游网络营销的策略等。

3.2.2 信息传递的双向性研究

3.2.2.1 国外研究

对于在线旅游信息传递的双向性，国外学者也明确地提出了观点。

如 Park 等（2007 年）认为旅游信息的线上传递渠道主要有两种：一种是旅游产品销售者的自创信息传递，一般通过旅游产品销售者的网站或邮箱等渠道进行传递；另一种是线上旅游消费者的评论信息的反向传递，这种线上旅游消费者的评论对潜在旅游消费者具有较大的参考价值。

Stephen Burgess，Carmine Sellitto，Carmen Cox 等（2009 年）通过对消费者的网络信息信任度研究也指出，旅游消费者接受的网络信息传递主要来源是旅游产品销售者，除此之外还有旅游行业专家和其他旅游消费者，而且在线旅游信息查询者对其他旅游消费者所传递的旅游信息信任度最高，其原因是网络上旅游消费者生成的信息能够反映旅游者的真实旅游体验，其评论和陈述的可信度较高。

3.2.2.2 国内研究

国内学者则从双向信息传递结果的评判方面开展了研究，主要从旅游目的地形象感知方面判断正向信息传递目标与反向信息传递结果是否一致。

屈册（2014 年）对比了官方网站、旅行社网站以及 OTA（Online travel agency）上关于平遥的正向推介信息和"到到网"上平遥的反向旅游者评论信息，分析了双方在目的地形象塑造和感知等层面的差异。

刘慈萱等（2014 年）对比了北京旅游官网上的正向宣传信息和"携程""蚂蜂窝""百度旅游"和"TripAdvisor"4 个旅游网站上的反向游记信息，分析了两类信息中表现旅游目的地形象上的文字符号差异。

3.2.3 信息的正向传递研究

对于在线旅游信息由供应方朝向需求方的正向传递，国内外旅游者都开展了丰富的研究，且研究内容基本都是从网站营销的信息传递视角开展的。

3.2.3.1 国外研究

国外诸多学者从网站营销功能的信息传递角度开展了研究，如 Archdale（1995 年）分析了两家英国在线旅游产品供应商的旅游网站营销功能。Bill Doolin（2002 年）指出通过网站提供全球范围内和跨媒体的信息传递是旅游业越来越重要的营销手段。Gabriele Piccoli（2001 年）指出旅游业应建立数据库并传递信息来开展网络营销，同时保证数据库信息的稳定可靠。Wober（2003 年）分析了奥地利的旅游网站商务运营，指出网上旅游信息发布传递的重要性正随着奥地利在线旅游市场的不断发展日益突出。Mulholland，Cachon（2004 年）分析了加拿大安大略省在线旅行业的网络营销与旅游效益之间的关系等。

3.2.3.2 国内研究

国内学者这一方面的研究同样十分丰富。如杨永恒（1998 年）指出了当时旅游目的地网络营销存在的主要问题。张青年（1999 年）提出旅游业网络营销应尽快制定相关的政策法规，规范信息传递行为。殷冉红（2000 年）分析了旅游网络营销的市场格局、宏观影响，以及制约发展因素等内容。彭环宇（2001 年）在其旅游网站营销的研究中提到了数据库营销方法。杨锁强、王国玉、张梁（2003 年）提出了面向旅游网络用户的旅游网站信息产品的营销模式。刘绍华（2004 年）分析了大连旅游网营销系统的区域整合策略。黄红莉（2004 年）基于菲利普·科特勒提出的营销战略新三角提出旅游业网络营销的三角模型。余蓉（2006 年）对比中美旅游网站营销效果提出我国旅游网站实现有效网络营销的建议。张伟强、罗洪（2009 年）分析我国知名旅游网站的互动功能，指出旅游网络营销存在的问题并提出巩固顾客忠诚度的改进方法。

3.2.4 信息的反向传递研究

对于在线旅游信息由需求方朝向供应方的反向传递，国内外研究十分丰富。主要可分为两类研究内容：即旅游者消费过程的行为信息传递和消费后评论等反向信息传递。

3.2.4.1 旅游者消费过程行为的反向信息传递研究

国外对旅游者消费过程的行为信息的研究，如 Frihida 等（2004 年）利用旅游者移动过程中产生的 GIS[1] 数据信息分析预测旅游者行为的时间路径的可能性。Rein Ahas 等（2008 年）利用旅游者旅行过程中手机位置的数据信息来进行旅游研究，分析了外国来访旅游者的特征等内容。

比较而言，国内对于这一角度的研究尚属空白。

---

[1] GIS，Geographic Information System，指地理信息系统。

3.2.4.2 旅游者消费后的评论等反向信息传递研究

国外对旅游者消费后的评论等反向信息传递研究包括反向信息传递的价值、反向信息传递的应用等。如 Senecal，Nantel（2004 年）认为旅游者网上评论信息能够提高潜在旅游消费者的购买意愿，增大潜在旅游消费者购买网络被推荐产品的可能性。Cristian Morosan，Miyoung Jeong（2008 年）分析了消费者对酒店两种预订渠道（酒店自建预定网站和第三方预订平台）的感受和评价，指出消费者更乐于使用第三方预订平台进行酒店消费。此外还有 Carson（2008 年），Gary Akehurst（2009 年）等利用“博客”数据信息进行的旅游目的地研究；Johnson 等（2012 年）利用社会媒体评论信息进行的加拿大新斯科舍省的案例研究等。

国内学者对于这一方面的研究更多关注反向信息传递所反映的旅游者行为特征、旅游目的地的形象感知以及旅游者满意度等方面。

（1）在旅游者行为特征的反映方面，苗学玲（2007 年）等通过分析旅游社区论坛上的游记和讨论等信息，揭示了旅游者出游动机、人员组成、组织形式等行为特征。陈钢华等（2008 年）使用天涯社区的相关信息分析了旅游者决定重游的动机。党娇（2011 年）分析了太白山的网络游记信息，揭示了旅游者出游的动机、时间、路线选择及出游方式等行为特征。赵振斌等（2011 年）利用太白山旅游的网络游记，分析了背包客的旅游动机、路线、感知等行为特征。张妍妍等（2014 年）分析了“蚂蜂窝旅游网”上的西安游记，揭示了旅游者在西安旅游的时间和空间轨迹，总结了西安国内自助游游客的旅游流时间及网络结构特征。王守成等（2014 年）分析了“Google Earth”平台上的九寨沟旅游照片数据，讨论了旅游者对景区游线的关注格局及演变过程。

（2）在旅游目的地形象感知的反映方面，国内学者选取不同旅游目的地或景点开展了丰富的案例研究，但缺少普适性的深度理论研究。如王佳果（2009 年）利用网络游记进行的肇兴旅游形象感知研究。高静（2009 年）利用“携程”等网上点评信息分析了四大海滨城市的旅游者形象感知。张文（2010 年）利用网络游记进行的台湾旅游形象感知研究。张高军等（2011 年）利用关于华山风景区的网络日志和点评信息，分析了影响旅游者目的地形象感知的积极因素和消极因素。付业勤（2012 年）利用“同程”等网上点评信息分析了鼓浪屿景区的旅游者形象感知。黄莎等（2012 年）利用“驴妈妈”上的点评信息对比分析了武夷山景区和九鲤湖景区的旅游者形象感知差异。王媛等（2013 年）利用“新浪博客”中的博文信息分析了旅游者对朱家角的形象感知。张至楠（2014 年）利用网络游记进行的中卫市旅游形象感知研究。

（3）在旅游者满意度的反映方面，学者们多通过反向信息传递分析旅游者进行评价的关注因素。如周永广等（2007 年）分析了“携程”关于黄山风景区的点评信息，揭示了影响旅游者满意度评价的重要因素。曹斌（2008 年）利用“携程”和“yahoo”旅游频道的酒店评论信息，分析了影响旅游者进行情感评价的酒店产品属性。戴光全等（2009 年）分析了网络论坛上的照片游记信息，从拍摄内容和拍摄手法方面揭示了旅游者在旅游过程中的关注点及心理特征。吕洋洋等（2014 年）分析“携程”上的旅游者评论信息，并提出了在线旅游消费者的评价维度模型。

3.3 信息储存视角下的在线旅游研究

从信息储存视角来看，对于在线旅游发展中的信息存储研究更多关注的是互联网作为储存媒介的应用研究，国内外的相关研究也多是关于旅游网站作为储存媒介的分类研究、评价研究，以及运营模式研究等方面。

3.3.1 信息储存媒介的分类研究

3.3.1.1 国外研究

国外的相关研究可以分为广义和狭义两类。广义上的研究范畴包括了提供公共信息存储的目的地门户网站、旅游社交媒体网站，以及提供市场经济活动信息的旅游企业网站等；而狭义上的研究一般只包括提供市场经济活动信息的旅游企业网站等。

广义上的代表性研究如 Murphy（1996 年）把旅游网站分为发展和营销类、服务和信息类、交互性和技术类，以及经营管理类等 4 大类。Camison（2000 年）对西班牙巴伦西亚地区的旅游网站进行了系统分类研究。Molina（2001 年）把欧洲的旅游网站分为旅游代理商、专门服务提供商、预订技术提供商，以及公共代理商等四大类。而 Dichmann（2005 年）特别分析了旅游地图类型的网站，并着重指出提供移动旅游地图服务是这类网站的最佳发展方向。

狭义上的代表性研究如 Paul Wilkinson（2001 年）论述了专业的在线旅游企业是开展旅游电子商务的最佳主体，其他旅游企业应把专业在线旅游网站作为经营信息存储和发布的选择，而不是自身建设网站。Kempa（2003 年）分析了澳大利亚旅游企业网站的类型，主要包括旅行社、酒店、旅游景区，以及旅游网络公司等四大类。Kim，Lee（2005 年）把旅游网站分为在线旅行社和在线旅游供应商两类，并进一步对二者的服务质量进行了比较研究。Rao，Smith（2006 年）将旅游网站分为了在线代理商、供货商网站、搜索引擎、入口网站及拍卖网站 5 类。

3.3.1.2 国内研究

国内在广义上的研究如白凯等（2014 年）以网站存储的信息类型将旅游网站总体划分为专一信息型和综合信息型两大类。狭义上的研究如杨宏浩（2009 年）在线旅游运营商分为在线旅游服务代理商、传统旅行社自建的网络平台及旅游中介等。

3.3.2 信息储存媒介的评价研究

3.3.2.1 国外研究

国外学者关于旅游网站的评价模型研究较多，如 Nygard（1995 年）采用数学模型法进行旅游网站评估并指出存在的问题。Doolin（2002 年）采用“旅游网站商务发展模型”评估了新西兰地区旅游机构的网站发展水平。Tony（2003 年）提出了香港酒店网站商务功能的评价体系及方法，评价指标包括网站硬件指标、顾客联系信息、预订信息、周围环境信息、网站的管理机制等。Robert（2004 年）研究了“回算理论模型”在瑞典斯德哥尔摩地区旅游网站评估中的应用。Arentze（2004 年）运用“离散选择模型”对荷兰旅游网站进行评估，并揭示了网络储存的信息与访问旅游者的出游动机、行为之间的关系。Trent Larsona，Paul Ankomahb（2005 年）采用 Burgess 和 Cooper 提出的“eMICA 模型”[1] 分析评价了美国 20 个州/地区的旅游组织网站的复杂程度等。

此外，值得一提的是国外还有学者对在线旅游社区/论坛这类网站进行了评价研究，如 Prestipino，Aschoff（2007 年）对在线旅游社区进行评价，并提出在线旅游社区发展创新的建议。Dippelreiter 等（2008 年）对 web2. 0 时代的在线旅游社区进行了分析评价等。

3. 3. 2. 2　国内研究

国内学者对旅游网站的评价研究也较为丰富。

对在线旅游企业网站的评价如高静、肖江南（2005 年）提出了旅游网站建设评价指标体系，并对携程旅行网进行了具体评价。周春林等（2010 年）建立了“旅游电子商务网站内容期望——交付”研究模型，并对国内 20 个综合性电子商务旅游网站的内容交付性进行了评价。熊伟、叶淋玮（2011 年）采用内容分析法对我国虚拟旅游网站的功能进行了评价，研究指出我国虚拟旅游网站存在界面功能结构不完整、旅游产品和服务内容单调等问题。刘蓉（2013 年）采用因子分析法对旅游电子商务网站进行综合评分排名评价，并进一步采用对应分析法对网站进行了定位分析。阎友兵、马朋（2013 年）采用“DEA 方法”[2] 对“携程”、“艺龙”等 6 个旅游电子商务网站进行了效率评价，并指出旅游网站的建设应增多网站链接量并同时减少网站对象数量来进行改进。

对官方旅游网站的评价研究如李祇辉（2010 年）对 30 个地方政府官方旅游网站提供的旅游信息服务进行评价，并提出存在的问题和相关建议。贾鸿雁（2015 年）运用“e MICA 模型”对 2010 ~ 2014 年长三角地区 22 座核心城市的政府旅游网站建设与发展水平进行评价与比较，指出样本网站的交互性仍显不足，营销和在线交易功能有

---

[1] eMICA 模型，即互联网商务应用扩展模型。

[2] DEA 方法，即数据包络分析方法（Data Envelopment Analysis），1978 年由美国著名运筹学家 Charnes 和 Cooper 提出，是根据多项投入指标和多项产出指标，利用线性规划的方法，对具有可比性的同类型单位进行相对有效性评价的一种数量分析方法。

待提升。何秋亚（2016 年）从网站的信息内容、功能、速度、页面设计四个方面构建了官方网站评价指标体系，并对南京市及杭州市的旅游信息官方网站进行了评价和分析。

对旅游景区网站的评价研究如袁梦如、何雨（2012 年）对我国 50 个 5A 级旅游景区网站进行了功能评价，研究指出样本网站的信息储存建设存在特色不明显、内容不丰富等问题，并提出优化的对策建议。李伟等（2015 年）对华北地区 10 个 5A 级旅游景区网站也进行了评价，指出样本网站在动态信息、自助导游、客户服务等方面的信息储存建设不足，以及相关技术维护与管理不到位等问题。

对旅游饭店网站的评价研究如万绪才（2007 年）构建了饭店网站评价指标体系，并对南京市星级饭店网站进行实际评价，研究指出样本网站的信息化水平不高且功能差异性较为明显，中低档饭店网站的旅游服务功能更为低下。

3.3.3 信息储存媒介的运营研究

3.3.3.1 国外研究

对于这一方面研究，国外多从旅游网站的运作方式和商业模式展开。如 Fesenmaier（2000 年）研究指出美国旅游网站的运作方式包括品牌合作、网络广告、电子机票以及交易佣金等，并进一步指出美国旅游网站经营成功的经验主要有旅游信息数据库的建设、信息的质量、个性化的定制服务、网站访问量以及方便优惠的旅游预订服务等。Molina（2001 年）利用 50 个旅游网站分析了欧洲旅游预订网站的总体发展趋势，讨论了各网站如何经营，并指出了欧洲旅游网站经营的主要影响因素。Wilkinson（2001 年）通过大量旅游网站案例分析，并指出旅游网站的经营对于提高旅游企业竞争力显示出越来越重要的作用。Chen（2004 年）对台湾 28 个旅游网站的商业模式进行了分析与评价，指出台湾旅游网站商业模式的构建主要基于网站商务收入成分，认为台湾旅游网站的收入尺度决定其商业模式。

3.3.3.2 国内研究

国内一方面是中外旅游网站的运营对比研究，代表性研究如邱俊（2000 年）认为国内旅游网站的商业发展模式可以充分借鉴美国旅游网站的成功经验。杨丽（2001 年）分析了美国在线旅游企业的经营模式和运作方式，指出其成功之处在于建立旅游信息数据库、推广个性化定制服务、推行电子机票等方面。

另一方面主要针对国内旅游网站的运营研究，代表性研究如冯飞（2003 年）为携程旅游网和春秋旅游网的经营模式建立了模型，并指出以市场作为唯一标准判断旅游网站的盈利模式。武红（2004 年）在旅游网站功能分析和评估的基础上指出旅游网站的三大经营途径主要有提供信息、电子商务和特色服务。曹会林（2006 年）通过对比分析国内外在线旅游企业的发展，指出我国在线旅游企业与国外盈利模式的差距。刘雅静、王丹（2007 年）认为旅游网站的经营模式主要包括 B2B 模式、B2C 模式以及 C2C 三种模式，并指出第三方支付平台的发展为旅游网站的商业模式创新提供了动力。王爽英（2007 年）分析了“携程”和“艺龙”两家公司的经营策略，指出“电子商务 + 业务创新”是旅游网站发展的核心模式。张文华（2008 年）通过分析在线旅游的盈利模式，指出我国未来的在线旅游将呈现出“大而全”和“小而专”的两极分化趋势。李晶（2008 年）分析了 74 家在线旅游电子商务企业的业务种类和盈利来源，指出我国在线旅游中介代理商已逐渐发展成熟。冯海霞（2009 年）分析指出我国许多旅游网站经营不景气的主要原因在于企业缺失核心竞争力，并提出建立知识联盟和培育忠实顾客是进行改进的两种主要途径。郭雅琴（2009 年）认为在线旅游企业的发展动力是市场推动力、政府支持力、社会支持力以及企业内部动力共同作用的结果。

3.4 信息搜索视角下的在线旅游研究

3.4.1 国外研究

信息技术的发展推动旅游者从传统纸质等信息媒介搜索信息发生了巨大改变，国外诸多学者如 Weber and Roehl（1999 年），Werthner and Klein（1999 年），Beldona（2005 年），Buhalis and Law（2008 年）等人皆指出互联网和信息技术改变了传统的旅游信息加工及传播方式，尤其改变了旅游者的信息搜索方式以及消费方式。MacKay，

McVetty and Vogt（2005 年）通过对加拿大"四山国家公园"的旅游者调查指出网络信息搜索已经成为旅游消费的普遍现实。Litvin 等（2008 年）也指出网络已成为旅游者的重要信息来源，绝大多数美国旅游者都通过网络媒介来搜索旅游信息。

进一步的深入研究中，国外学者 Peterson，Merino（2003 年）研究指出消费者进行网络信息搜集与最终确定购买决策往往存在一定的差异。Buhler（2006 年）指出"博客"和在线社交网站的用户不仅可以在网络上发表旅游评论，还可以通过贴上关键词标签为其他旅游者进行信息搜索提供更大便利。Z Xiang，Fesenmaier（2008 年）分析了旅游搜索引擎对在线旅游发展的影响。Zheng Xiang，Bing Pan（2009 年）指出旅游者使用搜索引擎的方式和搜索关键词的关联度是旅游目的地进行市场应该主要关注的问题。Zheng Xiang 等（2011 年）进一步又探讨了利用旅游搜索关键词进行美国旅游目的地城市的营销研究。Ghose 等（2012 年）研究了利用用户生成数据设计旅游搜索引擎的显示排序，从而增强用户搜索浏览价值等。

3.4.2 国内研究

国内学者如李山等（2008 年）、马丽君等（2011 年）、龙茂兴（2011 年）、黄先开等（2013 年）皆利用样本景区搜索关键词的百度数据，分析了样本景区网络关注度与实际客流量之间的关系。更进一步，任乐等（2014 年）应用旅游者行为理论分析了关键词搜索量与游客量之间的相关关系，并构建了旅游客流量预测模型。

除了上述方面研究，国内不少学者还利用关键词搜索量分析了旅游者信息关注行为、旅游者消费行为、旅游服务质量、旅游宣传营销效果等之间的相关关系。例如杨敏（2014 年）利用搜索关键词的百度数据，分析了北京、上海等 8 大热门旅游目的地城市的关注度指数，并分析了关注度指数与城市知名度及旅游经济之间的关系。

3.5 信息利用视角下的在线旅游研究

国内外的在线旅游信息利用研究，更多的关注反向传递信息所体现出的价值研究，包括旅游者消费行为信息和旅游后评论信息中所反映的需求偏好、消费者行为特征等内容，以及旅游供应方应如何加以利用及改进。

3.5.1 国外研究

国外的研究如 Woo Gon Kim，Dong Jin Kim（2004 年）分析了酒店网络预订意愿的众多影响因素信息，指出消费者以往的网络消费经历是最主要的因素。Li Li，Buhafis（2006 年）研究了珠江三角洲地区的旅游消费者消费行为，发现 31 ~40 岁之间的消费者最热衷于在线旅行预订，同时指出消费者的居住地、上网时间长度，以及旅游网站类型、产品创新性等因素都是在线旅游预订的重要影响因素。Klemens Waldhor 等（2008 年）探讨了利用在线虚拟社区的信息提升质量控制管理。Myung-Ja Kim 等（2010 年）以韩国为研究对象进行问卷调查及数据分析，指出顾客信任是影响在线旅游产品和服务消费的关键因素。Yanwei Pang 等（2011 年）利用旅游者网络游记和照片等信息分析了旅游目的地在线可视化建设中的应用。Sun Yeran 等（2013 年）利用空间数据信息研究如何利用地理位置图像进行路线推荐。Versichele Mathias 等（2014 年）利用蓝牙数据信息研究了样本目的地不同旅游吸引物之间的关联性，并分析了地理位置因素对旅游者访问路径的影响等。

3.5.2 国内研究

国内的相关研究有曹新向（2007 年）研究了利用旅游者消费的网络信息进行区域旅游决策。李君轶（2007 年）研究了利用 web 数据信息进行旅游市场需求分析与预测的方法。于海波（2011 年）梳理了利用旅游网络话题数据进行定性研究的方法。周志民等（2012 年）探讨了利用旅游网络日志进行研究的理论基础、方法步骤和研究模式。吴英鹰（2013 年）分析了 AISAS[1] 模型与在线旅游用户信

[1] AISAS，分别指 Attention，Interest，Search，Action，Share，该模式是由电通公司针对互联网与无线应用时代消费者生活形态的变化，而提出的一种全新的消费者行为分析模型。

息间的对应关系，提出了旅游企业利用网络信息进行网络营销的新模式。吴茂英（2014 年）提出了利用旅游网络日志信息进行旅游研究的方法路径。涂红伟、郭功星（2018 年）研究了在线旅游消费者的认知需要对困惑与满意度的调节机制，当在线旅游者认知需要倾向较高时，困惑与满意度呈现出正向的关系，而当在线旅游者认知需要倾向较低时，困惑与满意度呈现出负向的关系等。

3.6 信息化影响视角下的在线旅游研究

这方面研究多集中于信息化兴起和发展阶段，但目前处于信息化发展加速和升级阶段尚未出现相应的研究热度提升。

3.6.1 国外研究

国外的代表性研究如 David，Stipanuk（1993 年）分析了旅游业与技术的互动关系，并指出技术在旅游业发展中具有创造者、保护者、提高者、焦点、工具，以及破坏者的角色和功效。Frew（2000 年）指出信息和通信技术已广泛应用到旅游业中，是提高旅游业服务质量、降低企业成本和提高企业运行效率的重要手段。Buhalis，Licata（2002 年）指出旅游新媒体已经完全改变了台湾旅游业 B2B 和 B2C 的关系，消费者已经习惯于通过网络进行旅游信息搜索和在线旅游预订消费。Ma，Buhalis and Song（2003 年）分析了旅行社、酒店、交通、景区和政府部门等主要旅游机构信息，指出网络信息技术引起了中国的旅游产业结构变化，以及中国旅游业未来的发展走向。Dimitrios Buhalis（2004 年）指出互联网的应用有助于航空公司降低运营成本、完善自身航线分布、巩固企业间 B2B 合作关系等。Sigala（2007 年）分析了旅游业中网络的使用及其对旅游业运作模式和决策的影响等。

3.6.2 国内研究

国内的代表性研究如周玲强（2003 年）以“携程”为例分析了旅游网站对旅游产业链的再造，以及对传统旅行社行业的冲击。王生卫（2009 年）指出在线旅游产业链的构建原则包括扁平化、个性化、效益性和共享性等几个方面，并提出旅游产业链拓展的对接模式、融合模式、延伸模式和转移模式。李菲菲、田剑（2017年）指出旅游业的信息化发展下在线旅游企业进行运营创新不仅需要关注顾客需求、企业家能力、公司战略、行业环境等因素，同时还应关注信息化发展下兴起的企业供应链、技术进步、组织学习能力等因素。

3.7 在线旅游研究述评

3.7.1 总体述评

总体来看，目前国内外在线旅游的研究较为丰富，基本关注到了信息加工、传递、储存等各个方面，研究内容涉猎较广，从信息学研究框架整体来看基本形成系统的体系，为从贯穿于在线旅游发展的主线——信息学这一视角开展深入的理论研究奠定了坚实的基础。

在研究内容的构成中，相比较而言信息生产加工、信息传递、信息储存、信息利用等视角的在线旅游研究分支较多、深度较大、成果较丰富；而信息搜索视角的在线旅游研究较为单一；信息化影响视角的在线旅游发展研究与现实发展较脱节。

具体来看，各细分视角下的述评如下：

信息生产加工视角下的在线旅游发展研究仍处于初级阶段，对于在线旅游供需发展下的各环节信息生产加工都有明确的认识和涉及，但目前多是从认识到存在信息生产加工的现实出发，论述这一过程的重要性、价值及后续影响。而对这一环节或过程的本身缺少深度研究。例如在线旅游供应方进行信息生产加工的影响因素、内容体系、技术手段、发展方向等方面，在线旅游需求方进行信息生产加工的动力机制、环境营造、行为规范等方面。

信息传递视角下的在线旅游发展研究目前基本形成了双向传递研究的体系，但更偏重于消费者反向信息传递的研究，正向信息传递多集中于在线旅游营销的信息推广这一方向。而且双向传递的研究都主要关注信息传递内容的价值和传递结果的影响，反而对传递过程的研究缺少关注。例如信息传递阻碍、信息传递失真等方面。

信息储存视角下的在线旅游发展研究内容目前显得较为单一和偏

重，多是针对在线旅游网站或平台的分类、评价及运营研究，归结来看是属于在线旅游供应方的信息储存研究，且研究内容的拓展和研究深度的挖掘尚显不足。此外，对于同样属于信息生产加工主体的在线旅游消费者来说，这一方向的信息储存研究尚未有涉及。

信息搜索视角下的在线旅游发展研究目前集中于在线旅游消费者搜索关键词与旅游者行为相关因素的关联研究，归结来看是属于对在线旅游消费者为搜索主体的研究，而缺少在线旅游供应方为主体的信息搜索研究。

信息利用视角下的在线旅游发展研究内容较为丰富，但更多的关注来源于在线旅游消费者的反馈信息利用，且与信息生产加工视角下的在线旅游消费者的研究内容区分度不高。对于在线旅游供应方传递的信息利用方面研究尚显深度不足。

信息化影响视角下的在线旅游发展研究基本停步于在线旅游兴起初级阶段时的状态，对于信息技术和互联网的应用价值和前景都做了充分的论述和展望。但从目前在线旅游飞速发展且不断革新的现实与对应的研究发展态势来看，学术界的研究尚未跟上现实发展的脚步，呈现出脱节的状态。

综上所述，从信息学视角审视在线旅游发展的研究，国内外学者做出了巨大的努力和付出，已经基本构建了较为系统的研究体系，为这一视角下的深入理论研究开拓了广阔的空间领域，亟待更多的学者加以关注并不断丰富完善该体系的研究。

3.7.2 比较述评

比较来看，国外学者的研究主要集中于欧美旅游发达国家。源于欧美地区经济发展水平和在线旅游发展水平的优势，国外学者的研究相较于国内呈现出研究起步早、研究内容丰富、研究方法先进且多元化等状态。

国内的研究虽然起步较晚，在有些视角下的研究相较于国外呈现不足，但近些年来呈现出了飞速发展的态势，研究成果数量相较于21世纪初的几年达到了十余倍的增长，且在信息储存和信息利用等视角下的研究内容丰富度和理论深度有一定领先的优势。

此外，从在线旅游发展的实际来看，虽然我国目前所呈现的在线渗透率低于欧美等旅游发达国家，但我国在线消费群体基数大、在线旅游消费增长速度快、在线旅游市场结构复杂等这些现实都为我们研究的进一步发展提供了广阔的空间和优势条件，相信今后的国内研究必然会不断进步。

3.7.3 未来方向

综上信息学视角的在线旅游研究整体审视，以及目前在线旅游发展实际，未来的研究应进一步关注贯穿信息生产加工、传递、储存、利用各环节的双向研究，形成完整的双向研究闭环。具体我们应更多地关注以下方向：

第一，在信息生产加工视角，不仅要关注各主体的信息生产加工实际效果和影响功效，更应致力于研究推动提高供需双方信息生产加工的效率和关联度，以降低双方信息利用成本，实现共赢。具体如上所述，可以更多开展在线旅游供应方信息生产加工的影响因素、内容体系、技术手段、发展方向等方面研究，以及在线旅游需求方信息生产加工的动力机制、环境营造、行为规范等方面研究。

第二，在信息传递视角，一方面应加强在线旅游信息传递过程的研究，如信息传递阻碍、信息传递失真等方面，推动在线旅游发展实际中的信息传递效率；另一方面应加强在线旅游公共服务信息传递相关研究。充足的公共服务信息传递既可以弱化在线旅游消费者因信息不对称而产生的消费犹疑，从而推动其进行消费决策，又可以辅助健全消费者利益保障机制，淡化在线旅游消费者和旅游企业之间的利益矛盾，提升在线旅游消费者的旅游体验和满意度。

第三，在信息储存视角，应加强关注在线旅游消费者视角的信息储存研究，如信息储存意识研究、信息储存技术及设备创新研究、为消费者在线建立旅游产品及服务的定制化移动数据库研究等，推动在线旅游消费者从思维记忆中的下意识自动储存转向发展为动态的、多元化的在线旅游信息的移动设备储存等，为提升在线旅游消费者未来的消费频率建立基础。同时，在线旅游供应方的信息储存视角研究应加强针对性、动态性、关联性和展示性，如时间维度的淡旺季信息储存、信息更新；产品和服务维度的细分市场信息储存、信息更新；各维度数据库之间的交叉关联；以及储存信息在储存媒介上的可视性和便捷性等。

第四，在信息搜索视角，应在信息储存研究方向基础上加强关注在线旅游供应方的针对性消费者信息搜索，推动旅游目的地及企业的市场营销由“喷雾式”向“滴灌式”转变，提升营销效率。同时加强在线旅游消费者的信息搜索行为研究。

第五，在信息利用视角，应加强关注在线旅游消费者对在线旅游信息的利用行为、习惯、效率等方面的研究，为旅游目的地及旅游企业改善信息生产加工及传递提供理论指导。

第六，在信息化影响视角，应结合在线旅游发展的实际，及时分析总结信息化发展下旅游业总体结构、旅游市场需求各方面的变化及趋势，为发展实践提供理论指导。

此外，在信息加工和传递利用等方面的法律法规建设、社会责任、伦理道德等方面的辅助研究也应该加强关注，不断完善在线旅游发展研究的整个体系。

4 供应链管理在旅游发展中的研究

供应链管理理论是先进的管理思想之一，虽然起源于制造业，因其旨在优化供需之间的衔接流程而对其他经济活动具有普适性的应用指导价值，从而逐渐发展到诸多行业领域里的拓展研究。本部分篇章从供应链管理的研究发展入手，详细介绍供应链管理拓展到服务业的应用研究，以及直至供应链管理在旅游经济发展中的应用研究。

4.1 供应链管理的研究发展

关于供应链管理的研究发展，本部分内容只做简单介绍，不进行详细论述，仅为后文提供理论铺垫。

供应链源于管理学家彼得·德鲁克（Peter F. Drucker，1909 ~ 2005 年）提出的经济链（Economic Chain），后被“竞争战略之父”迈克尔·波特（Michael E. Porter，1947 ~ ）引申成为价值链（Value Chain）。最早在 1987 年由“供应链设计之父”杰伊·福里斯特（Jay W. Forrester，1918 ~2016）提出了供应链这一概念，当时在对产业上下游关系进行优化管理时他首次使用了供应链的概念，且由此开始供应链被广泛使用于商业管理之中。

纵观 20 余年的供应链发展研究，因其所蕴含的巨大价值而广受产业界和学术界的关注，其发展研究主要涉及以下几个方面的内容，包括供应链的定义概念、策略方法、研究模型，以及供应链合作和评价等。

4.1.1 供应链的概念研究

国外学者 Stevens（1989 年）较早提出供应链指起始于供应点，并经过增值流程和分销渠道，最终流向消费者的流。而 Lee，Billington（1992 年）进一步将供应链看作一个网络，该网络通过节点与通道连接了采购供应、生产增值以及销售报废的全流程，并实现商业价值。

我国官方文件《物流术语》[1]对供应链的阐述为生产流通过程中为最终用户提供产品服务的个节点用户、上下游组织所连接成为的网链结构。其他学者也做了诸多界定，代表性的如学者马士华等（1998 年）认为供应链是围绕核心企业，通过对信息流、物流、资金流的控制，从采购原材料开始，制成中间商品以及最终产品，最后由销售网络把产品送到消费者手中的供应商、制造商、分销商、零售商，直到最终用户连成一个整体的功能网链结构模式。蓝伯雄等（2000 年）认为供应链是原材料供应商、零部件供应商、生产商、分销商、零售商、运输商等一系列企业组成的价值增值链等。

4.1.2 供应链管理的策略性研究

对于供应链管理的策略性研究主要包括 5 方面内容，即有效顾客响应、准时采购、快速响应、延迟技术，以及供应链信息技术。

第一，有效顾客响应 ECR（Efficient consumer response）。有效顾客响应策略的主要目的是降低供应链中无效成本，从而为企业获取更大的收益，并为消费者提供更大的价值。基于此更进一步的研究，学者们提出了精益供应链和敏捷供应链，并最终形成综合战略精敏供应链的研究，如田志伟（2011 年）认为供应链精敏的改善能够在一定程度上创造出消费者价值等。

第二，准时采购 JIT（Just in time）。准时采购起源于日本丰田汽车推行的准时制采购。国外学者 Hahn，Pinto and Bragg（1983 年）验证了准时制能够提升供货水平和质量，同时缩减订货期并减少订货批量，有效降低库存，进而实现客户满意度的增强。Kaynak（2005 年）认为只有实现供应链节点之间的协同合作才能充分实施准时采购。

第三，快速响应 QR（Quick response）。快速响应起源于美国的服装业，逐渐应用于制造业等领域。该策略旨在通过运作中维持较低库存水平而降低成本。目前国外该策略研究主要关注响应时间及速

---

[1] 《物流术语》GB/T 18354—2006（修订版）. 北京：中国标准出版社，2007.

度、消费者满意度、供应链组织流程、响应结果的评价，以及核心企业等方面内容。国内学者的研究有理论性的探讨，如尚扬（2011 年）从 6 个方面分析了供应链快速响应的影响因素；也有各领域的实证研究，如徐海艳（2013 年）研究了我国服装行业现行供应链的快速响应提升等。

第四，延迟策略技术 PT（Postponement technology）。延迟技术出现于 20 世纪 50 年代，是指利用生产流程设计尽量延迟最终产品的组装时间，推迟其个性化实现的时间，从而实现大规模定制，总成本降低。换句话说，延迟技术的思想就是以表面上的延迟实现实质上的快速响应市场多元化需求，也就是通过将定制需求发生时间和空间上的延迟来实现供应链的总成本降低、反应速度和满足率提高。延迟技术在戴尔电脑、惠普公司、德州仪器等著名企业早已运用，已经成为一种先进的管理策略。国内学者对此也有深刻认识，如蔡小青（2013 年）指出延迟技术是实现企业规模化定制的重要战略技术。

第五，供应链信息技术。诸多现代信息技术如信息采集、传输、存储及开发应用等，都被广泛应用于供应链的运作改进当中。Levary（2001 年）指出信息技术是协调供应链节点并实现各自有效运作的重要途径。国内学者任慧娟（2012 年）归纳了供应链采用的各种信息技术，包括企业资源计划系统、企业局域网、条形码等信息工具，它们对供应链的整体协同运作起着非常重要的作用。

4.1.3 供应链研究模型

目前的供应链建模技术研究可以大致分为四种类型：第一，确定性模型。如 Amtzen 等（1995 年）运用混合整数规划构建了全球供应链模型。第二，随机模型。如 Midler（1969 年）基于最优控制理论构建了动态规划模型。第三，驱动模型。如 Johnston 等（1999 年），Min 等（2001 年）基于地理信息系统建立的决策支持模型。第四，混合模型。如 Christy 等（1994 年）研究建立的经济学模型，petrovic 等（1998 年，2001 年）研究建立的模糊数学模型等。

国内学者对供应链模型研究也有丰富成果，如汤良（2011 年）基于物质流分析构建的低碳供应链模型，郑四渭等（2014 年）构建的虚拟集群式旅游供应链模型，霍良安等（2016 年）考虑政府补贴构建的双闭环供应链模型，丁飞等（2018 年）研究的复杂网络视角下供应链网络模型等。

4.1.4 合作关系

供应链合作是指供应链成员企业之间的互相合作。国内外诸多学者分别从劳动分工、交易费用、博弈论、协同论等角度对供应链的合作关系进行了研究。

国外的研究如 Keeble，Lawson 等（1998 年）应用生命周期理论将供应链合作划分为萌芽阶段、发展阶段、成熟阶段、衰退阶段及破裂阶段。Bensaou（1999 年）分析了美日企业与供应商之间伙伴关系的差异性。Germain，Iyer（2006 年）指出供应链内部合作和下游合作以及二者之间的交互作用都会对物流绩效及财务绩效产生正向影响。Flynn 等（2010 年）通过对 617 个企业的分析发现供应链内部合作、客户合作均能显著提高企业运营绩效。Petersen 等（2015 年）研究发现供应商参与下游企业产品开发合作有助于协调供应链设计等作用。

国内的相关研究如刘昌贵、但斌（2006 年）认为供应链节点的合作关系以契约的签订缔结为基础。李秀起、赵艳萍（2010 年）的合作关系研究更强调合作方间信任的影响。陈艳（2014 年）基于双向问责制研究了供应链合作关系。卢志刚、林卡（2015 年）针对声誉构建了供应链合作伙伴选择模型。罗爱民（2017 年）探讨了知识共享关联下的供应链合作激励机制等。

4.1.5 供应链的绩效评价

供应链绩效评价研究主要关注系统整体运作情况的评价以及改进措施两个方面。国外学者 Beamon（1999 年）从产出、资源、柔性等方面选择指标构建了供应链评价体系。Lummus，Vokurka and Alber（2005 年）认为评价供应链绩效水平应当主要集中于供求管理、运送管理等方面。国内学者赵峰、余亦舟、杨光（2013 年）使用平衡计分法构建了供应链绩效指标评价系统。尚利、王爱军、吕玉惠

(2015年)探讨了集成化供应链的内部绩效评价等。蔡礼辉、饶光明(2016年)进行了跨境电商供应链的绩效评价研究。隋博文(2017年)针对"广西-东盟"开展了跨境农产品供应链联盟的绩效评价研究。

4.2 供应链在旅游经济发展中的应用研究

进入21世纪以来，世界各地经济发展整体上都呈现着服务业比例不断迅速提高的态势，服务业的相关研究越来越受到学术界重视。

尤其近些年人们对于产品含义的拓展，世界上许多著名大型公司都已把服务作为产品的核心，甚至制造业中的企业也将有形产品的价值结构扩展到囊括了更多的增值服务，例如IBM、惠普等企业的信息服务，壳牌石油公司提供的化学品管理服务，通用电气公司推出的能源管理服务，施乐公司主打的文件处理服务，伊莱克斯公司开发的一体化电气解决方案等。

服务业的飞速发展以及服务产品的日益复杂，促使学者们开始将供应链管理这一先进思想应用到了服务业的发展研究中，早期涉及的具体行业应用并不宽泛，旅游业就是其中典型代表之一。

对于这一应用研究的效果，国外学者Zailani等(2015年)通过研究系统指出，旅游供应链的需求管理、资源管理、客户关系管理、供应商关系管理、订单流程管理、服务绩效管理、信息技术管理等，都会对旅游企业的盈利能力产生正向影响。而随着应用的深入以及旅游业新态势的发展，这一应用研究的范围也在不断扩展，如Lee等(2015年)针对新兴的医疗旅游供应链的发展形成和现状进行了系统研究。高志洋(2016年)提出应用社会网络分析范式进行旅游供应链研究。陈喆芝等(2016年)则从低碳旅游视角开展了旅游供应链的低碳合作研究等。

由于供应链起源之初属于微观层面的管理思想，因此供应链管理在应用到旅游经济发展中时原本也多是微观层面的产品供应链研究，而提法不一，包括了旅游供应链、旅游服务供应链、旅游产品供应链等。

在供应链管理随着发展拓展到了中观产业层面应用时，旅游业供应链的提法也随之出现了。但在国内一些研究中可见旅游供应链和旅游业供应链混用而区分不明的现象。

本部分内容旨在介绍梳理供应链管理在旅游经济发展中的应用研究，对这些概念暂不进行辨析界定，暂时以旅游供应链作为统一代指，在下章内容中将以本研究的目标指向和理论观点进行概念的明确界定。

4.2.1　旅游供应链的定义研究

国外旅游供应链的研究早于国内，最早可以追溯至 Gunn（1972 年）提出的旅游功能系统模型和 Mill，Morrison（1985 年）提出的旅游系统模型，其中都蕴含着丰富的供应链思想。

至 21 世纪初，国内外基本都形成了学术界较为公认的旅游供应链定义，虽然表述有一定差别，但内涵基本已达成共识。一般来说，国内外的旅游供应链定义都有广义和狭义之分。

4.2.1.1　广义概念

从广义来说，Tapper，Font（2004 年）提出了比较流行的旅游供应链概念，他们认为旅游供应链是由向旅游者提供旅游产品和服务的所有供应商所组成，包括旅游产品供应体系中所有用来满足旅游者需求的商品和服务的供应者，以及旅游者在旅游过程中直接向其购买商品或服务的目的地其他供应商；这些供应商所提供的商品或服务包括住宿、交通、吸引物、酒吧、餐馆、纪念品和手工艺品、食品生产、垃圾处理系统以及对旅游业的发展起支持作用的目的地基础设施等。此外，他们把垃圾循环利用、处理部门，环保部门纳入旅游供应链体系，从而构建了绿色旅游供应链的完整体系。Zhang，Song，Huang（2009 年）也指出旅游供应链是由不同旅游产品与服务的提供者所构成的旅游组织网络，这些构成者包括企业和政府部门，包括产品的直接供应者和间接供应者。

国内学者认同广义概念观点的如杨晶（2009 年）指出广义的旅游供应链由所有向游客提供产品和服务的直接和间接的供应商所组成，而狭义的旅游供应链不包括间接供应商。刘浩（2011 年）认为旅游供应链由核心要素、支持要素、组织要素和管理要素四个部分组成，其中核心要素指旅游吸引物和游客；支持要素指食、住、行、游、购、娱等企业；组织要素指旅行社和旅游服务集散中心；管理要素指旅游行政管理部门。

4.2.1.2 狭义概念

从狭义来说，旅游供应链不包含旅游产品与服务的间接供应者，以及公共组织，例如食品生产企业、目的地基础设施提供者等。如国外学者 Kaukal（2000 年）指出典型的旅游供应链包括旅游供应商、旅游经营商、旅游代理商和游客四部分。Page（2003 年）提出了多级旅游供应链的网络结构，旅游业就是不同利益相关者和业务组合而成的独立供应链。Smith 等（2008 年）认为旅游分销渠道和旅游供应链本质是相同的，旅游分销渠道是以旅游者为考察起点，而旅游供应链是以旅游产品或服务供应商作为考察起点，两者是同一事物的不同方面。

国内自 20 世纪 90 年代开始旅游供应链的探索，诸多学者结合我国旅游业实际给出了旅游供应链的定义，且多倾向于狭义的观点。如张朝枝等（2010 年）认为旅游供应链包括旅游体验产品设计、旅游体验产品物质环境制造、旅游体验产品信息传递与销售、旅游运输服务、旅游体验产品生产与销售、旅游体验的二次消费、旅游体验产品精加工、旅游体验的消费服务以及旅游产业链整合服务等九大环节。徐会奇等（2013 年）认为旅游供应链是旅游供应商提供旅游产品和服务，并直接交付或由经旅行社、旅游代理商间接交付给旅游者的链条。

4.2.2 旅游供应链的结构研究

4.2.2.1 旅游供应链的一般结构

学者对旅游供应链的一般结构的抽象认识基本一致，如 Kaukal（2000 年）等人提出的旅游供应链是由旅游供应商、旅游运营商、代理商和游客组成的链条结构。Annibal，Leonardo and Luiz（2001 年）则从供应链管理的角度出发，提出了供应商位于上游、游客位于下游的两层旅游供应链结构。

在进一步深入具体的研究特定领域供应链结构中，Smith，Xiao

(2008 年) 分析了三种美食观光供应链的结构：农民市场供应链、节日供应链和餐馆供应链。Veronneau，Roy（2009 年）从战略、战术和操作三个层面提出了邮轮供应链结构的框架模型。

4.2.2.2 旅游供应链的网络结构

旅游供应链的网络结构是指由供应链各组成节点按照供应方向排列并表明各节点及与旅游者之间关系的网络构成。国外学者 page (2003 年) 研究提出了旅游供应链网络的代表性结构。Zhang 等 (2009 年) 提出了广义概念下包括旅游产品与服务的直接和间接供应商的完整的供应链网络结构。

国内学者伍春等（2007 年）指出旅游供应链是围绕满足旅游者的需求而构建的一种包括供应商、分销商、零售商，直至最终旅游者的网链式结构。王克稳、徐会奇（2012 年）指出旅游供应链网络结构更全面系统地审视了供应链主体，将旅游供应商进一步划分为直接供应商和间接供应商，同时呈现了旅游产品和服务的跨层次流动，也突出了与物流方向相反的信息流。

在此基础上，舒波（2010 年），郑四渭、方芳（2014 年）提出了复杂网络型旅游供应链结构，即旅游网络中间商以电子商务为平台开展虚拟运作，供应链的资金流依托网络平台运动，并且价值增值和让渡能力显著提高。

更进一步地，郭伟等（2014 年）提出了智慧型旅游供应链结构，提出资金流、信息流在智慧旅游平台可以即时完成流动，目的地居民会参与旅游规划和开发过程，信息反向流动渠道更加多样顺畅，并且供应链各节点之间联系更加紧密，供应链整体效应更加显著。

4.2.2.3 旅游供应链的核心节点

在供应链管理思想中，核心企业集中承担着信息交换中心、物流调度中心、资金结算中心和统筹协调中心的重要角色，是主导运营整体供应链的核心动力。国内外学者对此都开展了丰富的研究。

国外的研究中基本观点一致，都认为旅游运营商处于中心地位，且有利于旅游的可持续发展，如 Zhang 等（2009 年）认为旅游运营商在可持续旅游供应链发展中扮演着关键的角色。其他如 Font，Tapper（2008 年），Romero，Tejada（2011 年），Berne，Garcia-Gonzalez and Mugica（2012 年）都认为在以旅游运营商为中心的旅游可持续发展目标中，住宿供应商最有可能达到目标的要求。

国内学者对旅游供应链核心节点的判定也有丰富的研究，但观点尚未达成一致，主要可以分为以下几种观点。

第一，认为核心节点应该是旅行社。持有该观点早期代表是学者李万立（2005 年，2006 年）。其后杨丽、李帮义（2008 年）提出了以旅行社为核心企业的供应链模式，秦绍林（2009 年）也提出了旅行社应该回归旅游供应链系统中核心产业地位的发展观点。

第二，认为核心节点应该是景区。如路科、魏丽英（2006 年，2015 年）探讨了以旅行社为核心的旅游供应链模式存在弊端，并从旅游业可持续发展的角度构建了以旅游景区为核心的供应链模式。郭晓龙等（2015 年）构建了由景区和景点组成的旅游供应链等。

第三，认为核心节点应该是旅游网络中间商。如郭海玲等（2011 年）认为作为核心节点的旅游网络中间商包括代理、直销和平台三种模式，他们不仅能提供各种产品和服务，还可提供低价团购。徐会奇等（2013 年）针对散客市场构建了以网络中间商为核心的旅游供应链。黄猛等（2015 年）以游客为中心构建了将在线旅游服务商作为核心的“牵引式”运作旅游供应链等。

第四，认为核心节点应该朝向消费者移动。如官志华（2004 年）认为旅游供应链核心节点将由居于供应链中间部位的企业逐渐朝向距离消费者最近或者较近的企业移动。吕兴洋等（2010 年）指出要将游客作为供应链的主体而非环境变量来对待。

除此之外需要一提的是，学者李万立等（2007 年）在后续研究中改变原有旅行社核心的观点，认为在旅游供应体系中，餐饮、住宿、购物、娱乐、参观、游览部门中的任何企业都有可能成长为核心企业，这将依靠节点企业对资源的掌控能力来实现。

4.2.3 旅游供应链的合作关系研究

供应链管理强调各节点围绕核心企业开展合作，实现有效顾客响应、准时采购、快速响应及延时生产等策略，最终实现供应链整体的成本降低。而且，随着经济全球化的发展，越来越多的跨国合作正在各领域供应链上开展。旅游业同样如此。

国外学者 Bastakis，Buhalis and Butler（2004 年）分析了旅游运营商和酒店之间的关系，发现旅游供应链下游企业对供应商效益影响很大。Kernel（2005 年）指出旅游产品生产涉及不同行业部门，迫使旅游产业链中的任何企业都要开展互相合作。Tsaur 等（2006 年）探讨了旅游经销商和旅游零售商之间的关系。Pearce（2007 年）分析了新西兰的旅游运营商在进行合作伙伴选择时挑选旅游供应商的主要影响因素。Sigala（2008 年）指出旅游供应链上任何企业只有联合其他节点通过整体的合作才能有效推进旅游的可持续发展。Zhang&Murphy（2009 年）分析了中国游客赴澳大利亚旅游供应链的现状，探讨了旅行社与旅游供应商之间的合作关系。

国内学者李万立、李平、贾跃千（2005 年）分析了旅游供应链中存在的两层“委托－代理”关系。

4.2.4 旅游供应链的协调管理研究

旅游供应链协调指供应链上各节点之间的沟通，以及采用相互匹配的决策模式，最终目的是为了实现供应链的总体目标，如降低整体成本、增加企业利润、提升服务质量，以及建立节点间稳定的合作关系等。

学者们热衷于研究旅行社与其他节点成员的协调关系，如旅行社与景区、旅行社与酒店、旅行社与交通运输部门、旅行社与游客、旅行社与导游、旅行社与整体供应商、组团社与地接社，还有的研究酒店与交通运输部门、酒店与景区、景区与散客、供应商与中间商。

一体化方式是旅游供应链协调研究的重要内容之一，Lafferty，Fossen（2001 年）对旅游企业横向和纵向一体化发展进行了详细分析。Theuvsen（2004 年）分析了欧洲旅游经营商的垂直一体化发展，指出运营商之间的协调对于旅游业的发展很有必要。此外他还对航空公司、酒店及旅游经销商之间的协调问题进行了研究，发现产品价格和质量等因素对供应链的协调有重要影响。

国内学者舒波（2007 年）分析了旅行社面临的不确定性发展因素，并指出这些不确定性因素往往成为旅游供应链难以协调的障碍。

张晓明、张辉、毛接炳（2008 年）采用“博弈模型”“经典报童模型”分析了旅游供应链中若干环节的协调问题。杨树、杜少甫（2009 年）研究了主题公园和旅行社之间的具体协调问题，指出主题公园的服务质量不是影响旅行社进行产品组合的主要因素。

4.2.5 旅游供应链的评价研究

旅游供应链评价是指对旅游供应链整体绩效、竞争力，或游客满意度等方面进行分析，以反映供应链的实际运作效率。

目前国外对旅游供应链的评价多关注整体绩效和财务绩效等方面。如 Yilmaz，Bititci（2005 年）构建了旅游供应链整体绩效评价框架，有效评价了整个旅游供应链活动的绩效。Yilma，Bititci（2006 年）建立了酒店供应链的财务绩效评价指标体系并进行了评价分析。

国内学者伍春、唐爱君（2007 年）针对旅行社为核心企业的旅游供应链，从企业竞争力、质量、柔性等多方面遴选构建了旅游供应链的可靠性评价指标体系。黄屏等（2010 年）采用探索性因子分析法识别出了旅游供应链上影响游客满意度的 7 个因素。陈扬乐等（2010 年）任务“满意度”不能作为旅游供应链是否完善的评价指标，而应采用“幸福感”评价旅游供应链是否实现发展目标。

4.2.6 旅游供应链的信息技术研究

国内外的诸多学者都在研究中指出了信息技术应用于旅游供应链管理的必要性，以及研究了如何提高信息技术的利用效率等问题。

如 Duliba 等（2001 年）指出电脑预订系统对激发旅游分销渠道中各企业间的协调合作有显著作用。Adford（2005 年）基于可视化旅游供应链商业模型指出如何通过信息和通信技术来增强流程管理的有效性。Andersen，Henriksen（2006 年）探讨了 eTourism 对旅游供应链流程管理的影响，并强调了旅游供应链的每个环节都面临着信息技术发展带来的机遇和挑战。Buhalis，Law（2008 年）总结讨论了近 20 年来信息技术在旅游业应用中的价值和功效。

国内学者陈涛等（2013 年）关注大数据发展，并提出了大数据发展时代旅游供应链的运行模式，并指出旅游供应链中的信息共享与协同具有关键性作用等。

4.2.7　旅游供应链的可持续发展研究

国外相关研究如 Fadeeva（2005 年）分析了旅游业发展给环境和社会带来的诸多负面影响，并提出旅游业供应链上的主导者——旅游总集成商是推动实现旅游可持续发展的重要角色。Tepelus（2006 年）认为旅行社连接了旅游服务提供商和游客，旅行社应该为游客提供旅游可持续发展的信息。Tapper，Font（2007 年）提出可以通过加强旅游供应链管理来促使供应链中所有企业为旅游可持续发展做贡献。Font 等（2008 年）分析了英国和欧洲主要旅行社的现状，指出旅游供应链上的住宿企业最容易满足可持续发展的要求。Schwartz，Tapper and Font（2008 年）构建了旅行社可持续供应链的实施框架等。

国内学者夏晶（2006 年）指出打造中国西部绿色旅游供应链是西部旅游业可持续发展的必由之路。王芬（2010 年）指出以景区为核心的绿色旅游供应链对景区可持续发展有重要意义，并建立了以景区为核心的绿色旅游供应链的运作结构图。白海霞等（2015 年）从旅游地可持续发展的角度构建了绿色旅游供应链。袁国宏、郭强（2015 年）研究指出旅游价值链的系统管理对旅游可持续发展的目标有显著的正向影响等。

4.2.8　研究述评

旅游供应链管理目前已成为旅游经济研究的热点问题之一。国内外学者在这一领域都开展了较为丰富的研究。但由于该领域研究发展时间较短，尚未形成系统的理论体系，总体上而言仍处于初步阶段。尤其在国内，作为基础的供应链理论多源于国外研究成果的学习和借鉴，而且国内旅游业的发展实际因市场规模宏大、地区差异大等因素呈现较强复杂性，对于旅游供应链的研究来说一方面困难重重，但另一方面也为该领域的理论和实际研究提供了大量的潜在资料和广阔的验证舞台。

总体而言，该领域研究的基本框架已经形成，对于旅游经济活动的一些复杂现象，有待于未来更多深入研究。

但目前面对信息技术和互联网的渗透和飞速发展，在线旅游的兴起与火热发展正不断改变着旅游业的结构组成、运营模式，改变着旅游者的需求偏好、行为方式，改变着旅游信息的生产传播、储存利用等，旅游供应链的结构和运行也在承受巨大推动而不断发生变化，对这一领域的研究是当前我国旅游业发展亟待关注的重点。

5 在线旅游及相关概念辨析

互联网及信息技术兴起后，人类社会及经济运行发生了深刻变化。体现在旅游业的现象简单来说，各种信息传递和买卖行为都在越来越多地通过信息设施和互联网来实现，对旅游业的结构组成以及企业间的关系都有不同程度的影响。

人们对这种现象进行剖析、解释、研究并进行实践指导过程中，因为研究目的的不同、研究背景的差异、研究范畴的宽窄、研究方式的择取等影响因素，对各自的研究对象采用了不同的概念及定义。

对互联网及信息技术的旅游应用研究出现了旅游电子商务、网络旅游、智慧旅游、旅游信息化等。

受旅游基础理论研究尚不成熟影响，这些概念在研究使用过程中存在着一定程度的含义界限不清晰、混淆使用等问题。

本章将对这些概念进行辨析和厘定，提出本书主张的概念定义及理论观点。

5.1 旅游电子商务

旅游电子商务的概念源于电子商务，电子商务在旅游业的应用产生了旅游电子商务的提法。追本溯源首先明晰一下电子商务的内涵。

5.1.1 电子商务

电子商务在世界各国的定义略有不同，但其核心内涵基本包括两个方面，一是依靠电子设备和网络技术实现，二是关注商务活动。其内容涉及电子货币交换、电子交易市场、网络营销、电子数据交换（EDI）、在线事务处理、自动数据收集系统等。

一般而言，对电子商务有广义和狭义之分。

广义的电子商务（Electronic business）泛指使用各种电子工具和网络技术从事的商业事务活动。通过使用电子设备和互联网等工具，使企业自身及与供应商、客户和合作伙伴之间，通过信息共享、业务流程电子化等方式，促进企业及整个产业链的成本降低和效益提升。

狭义的电子商务（Electronic commerce）是指利用电子工具和互联网进行的商务贸易活动。包括商品和服务的供应商、广告商、消费者、中介商等有关各方行为的总和，通过信息共享、业务流程电子化等方式，促进商品流通、市场交换、资金流动等系列过程的效率提升及成本降低。

虽然在汉语中使用的是“电子商务”这一个词汇，但从英语的使用“E-Business”与“E-Commerce”来看，其广义与狭义之分区别明显。

E-Business 泛指更广泛的商业关系，包括顾客、服务提供者或商家、生产商、原料生产商之间的商务关系，以及商家、生产商、原料生产商与政府部门之间的商务关系等。而 E-Commerce 一般就指顾客与服务提供者或商家之间的商务关系。

再看联合国欧洲经济委员会简化国际贸易程序工作组给出的电子商务定义：采用电子形式开展商务活动，它包括在供应商、客户、政府及其他参与方之间通过任何电子工具，如 EDI、Web 技术、电子邮件等共享非结构化商务信息，并管理和完成在商务活动、管理活动和消费活动中的各种交易。从此定义来看，定义的使用者是“简化国际贸易程序工作组”，定义核心词汇提及共享“非结构化商务信息”和“交易”，都显现了该定义取向为狭义的电子商务。

综上来看，电子商务就是利用电子工具和网络技术实现商务过程的电子化、数字化、网络化等系统工程，核心主体是商务活动，技术手段是电子工具和网络技术。

广义的电子商务视觉和目标更宽泛，跨越交易范畴而关注整体产业链条的生产、流通、交易、服务等所有商业事务。狭义的电子商务更专注于流通、交易的贸易商务行为和关系。但无论是广义的还是狭义的电子商务，其根本都是通过互联网完成的是一种商务活动。

5.1.2 旅游电子商务

旅游电子商务同样仍是个没有一致标准定义的应用性概念。在电子商务应用到旅游业的具体发展过程中，国内外对其进行的界定表述也十分丰富。

按照上述对电子商务的分析，旅游电子商务同样存在广义与狭义之分。

从广义上理解，旅游电子商务是在整个旅游经济活动中应用的电子商务，泛指一切与数字化处理有关的旅游商业事务活动。

从狭义上理解，旅游电子商务是旅游产品和服务的供应商、广告商、中介商以及旅游消费者等有关各方行为的总和。

再看世界旅游组织（WTO）的出版物《E-Business for Tourism》给出的旅游电子商务定义表述，旅游电子商务是指通过先进的信息技术手段改进旅游机构内部和对外的连通性，改进旅游企业、上游供应商、旅游者之间的交流与交易，以及改进旅游企业内部业务流程，增进知识共享。由此来看，世界旅游组织的旅游电子商务定义同样是趋向于狭义的解释。

国内一些学者对旅游电子商务也给出了不同的定义，从中也可以看出基本属于上述广义和狭义的不同理解。

王欣（2000 年）认为旅游电子商务是基于旅游信息库和电子化商务银行的发展，通过网络和电子信息技术运作旅游业及其分销系统的商务体系。杨宏伟（2006 年）认为旅游电子商务包括旅游产品和服务的在线销售，以及为促进旅游市场发展而举办的各种与信息化处理有关的商务活动。这类观点核心表述在“分销”和“销售”等，属于狭义的观点。

张定芳（2003 年）认为旅游电子商务是以信息技术为支撑，以动态应用为发展形式的全球化的旅游商务活动。该定义较为模糊，虽然在空间范围上指出了全球化的广泛属性，但其核心内容上并未涉及旅游电子商务的结构范畴，具有一定的广义性。

杜鑫坤（2005 年）认为旅游电子商务是指旅游业以网络、数据库等信息手段进行旅游系统中各个部门的运营与管理。这个定义中使用了“旅游业”和“旅游系统”两个范畴，但都是比较目前比较含混的两个概念，在具有一定广义性的同时却欠缺准确性。

杨路明、巫宁（2007 年）认为旅游电子商务是利用通信技术和信息管理系统使旅游市场的一切商务活动电子化，包括采用各种电子手段（包括官网、社交媒体、第三方平台等）发布旅游信息、进行宣传营销、实施旅游售前售后服务；同时提供网络平台方便旅游消费者进行旅游信息查询、旅游产品预订并进行在线支付；还包括旅游供应链企业内部经营管理活动流程的电子化、管理信息系统的构建等。该定义广义性较为明显，指出了一切商务活动的电子化。

综上来看，无论是广义还是狭义的旅游电子商务，目前的共识基本是电子商务在旅游经济活动中的应用延伸，核心仍然是两个方面，一是电子工具和网络技术在旅游经济活动中的应用，二是电子化的旅游商务活动。

5.2 网络旅游

网络旅游这个概念的使用分两种情况。

一种情况是研究内容针对互联网发展下的旅游业态变化的研究，或是针对旅游电子商务的研究而又提出使用的一种概念。如李永丽、覃家君（2003 年）提出的网络旅游建设中存在的问题与对策是在研究旅游电子商务或旅游网站建设等方面内容；沈和江（2007 年）提出的网络旅游是旅游业信息化发展的重要表现形式，是促发旅游者旅游动机的形成并为其活动的实现提供可靠的信息保障；姚唐等(2014 年）使用网络旅游概念的研究内容是针对旅游网站特性对网络旅游消费者参与心理和最终参与行为的影响作用等。

另一种情况是学者针对网络虚拟环境旅游的发展而提出使用的概念。如 Bruce（2002 年）❶ 提出把网络旅游界定为超越“冲浪”、“网上旅行”的“替代现实旅游的电子化旅游体验”。国内学者文秋红(2010 年）使用这一概念同样具有这层含义，她认为网络旅游是人们通过网络在虚拟性世界里进行旅游，旅游者通过互联网制订旅游计划、订购旅游路线，并在网站指导下周游各地，在研究中也包括了如北京故宫博物院推出的“超越时空”的虚拟旅游项目等，但其论述

❶ 参看“张进福．网络旅游：一篇文章和一种理念［J］．旅游学刊，2007（6）：6～7.”

中还是混合了上一种概念的含义，比如网站旅游信息的传递以及在线旅游消费等论据，存在内涵和外延较为含混的现象。

5.3 虚拟旅游

虚拟旅游（Virtual tourism）概念的使用从“Virtual”（通过计算机软件，在互联网上，模拟的，虚拟的）的词义来看，主要指与计算机和信息技术相关的产物。从国内外学者的研究和概念界定来看，基本也都朝向这个方向。

国外学者从20世纪90年代起关注虚拟旅游的研究，对此概念的使用基本都是对基于计算机和信息技术加工的虚拟旅游环境和旅游行为的研究。大多数学者使用这一概念都认同虚拟旅游具有辅助功效，能增强旅游活动的体验获得。如Williams，Hobson（1995年）指出虚拟网络环境对旅游消费者的旅游体验能够产生辅助效果已经成为事实；Leston（1996年）指出虚拟旅游可以作为现实旅游的辅助工具，它能为旅游者提供全方位的景区信息，有助于旅游者借助这些信息做出更加全面、合理的出行规划和行程安排；Sussman，Vanhegan（1998年）研究指出虚拟旅游虽然不能替代现实旅游，但却在一定程度上具有弥补现实旅游缺陷的功能和潜力；英国学者Sussmann，Vanhegan（2000年）同样研究指出虚拟旅游会对旅游消费者和旅游经营者产生极大的影响；Betsy Book（2003年）认为虚拟旅游为人们提供了在真实旅游中不能获得的差异性体验。

从以上研究成果和学者观点可以看出，对于虚拟旅游这一概念的认识是指旅游活动过程中的一个产品组成或服务，其具备了辅助或提升消费者旅游体验的功能。

国内学者对虚拟旅游的研究成果也较丰富，并且给出了诸多不同表述的定义。大致来看，可以分为5类。

（1）将虚拟旅游作为一种技术产品而进行的阐述。

刘飞（2015年）认为虚拟旅游是利用移动互联科技借助智能终端搭建的旅游信息展示平台，继而形成超时空且具有“时间免疫性”的虚拟环境。

这种观点实质上是将虚拟旅游视为一种基于信息技术和设备而形

成的旅游产品或服务。

（2）将虚拟旅游作为一种消费体验而进行的阐述。

彭飞（2010 年）认为虚拟旅游是利用虚拟现实技术以及互联网、多媒体、触摸屏等设备，形成模拟现实或超现实的景观来使消费者获得关于景区视觉、听觉、触觉、嗅觉、味觉等多方面的真实体验。

郑鹏等（2010 年）认为虚拟旅游者通过虚拟旅游环境获得的感官体验是一种真实旅游体验的极端模拟，就像一面魔镜，能使游客感受到未来实地旅游的情景，达到一种镜像体验。

张定方、阮舒宁（2011 年）认为虚拟旅游是利用计算机网络平台，基于现实景观的而超越现实景观的虚拟现实技术模拟，营造出虚拟旅游环境，虚拟旅游游客能够使用交互设备驾驭该环境，从而获得身临其境的体验。

任媛媛（2012 年）同样认为虚拟旅游是采取互联网、计算机信息技术并基于现实旅游景观的模拟或者超越现实景观，构筑一个虚拟旅游环境，让虚拟旅游者能够如同身临其境地体验美景。

汤洁娟（2016 年）认为虚拟旅游是以互联网作为载体，通过计算机虚拟现实技术方针复原出三维立体的旅游实景画面，使虚拟旅游者受到强烈的视觉冲击和获得细腻的旅游体验。

这类观点实质上是将虚拟旅游视为一种对基于信息技术和设备而形成的虚拟旅游景观的消费感受及获得。

（3）将虚拟旅游作为一种活动过程而进行的阐述。

裘伟廷（1999 年）认为虚拟旅游是利用虚拟现实技术营造虚拟旅游环境，旅游者运用某种设备进入虚拟环境并驾驭该环境和操作环境中的物体。

刘恩波（2006 年）认为虚拟旅游是在网络平台上，利用虚拟现实技术身临其境地游览世界各地的名胜景点。

徐素宁等（2001 年）认为虚拟旅游是通过互联网等载体动态再现旅游景观，使旅游爱好者能根据自己的意愿选择游览路线、速度及视点，实现足不出户遍览遥在万里之外的风光美景。

张威等（2009 年）认为虚拟旅游是以多种可视化方形成逼真的虚拟现实景区，使旅游者获得有关旅游景点信息、知识和体验的过程。

这类观点实质上是将虚拟旅游视为一种基于虚拟技术和设备的游览过程。

(4) 将虚拟旅游作为一种消费方式而进行的阐述。

胡芬、张进（2013 年）认为虚拟旅游是以计算机、互联网多媒体、触摸屏等为载体，以 360 度全景体验技术、三维动画技术等为支撑，为游客提供一种全新的旅游体验方式。

朱万春（2017 年）认为虚拟旅游是建立在互联网迅速发展以及三维模拟技术快速提高基础上的一种现代生活旅游方式。

这类观点实质上是将虚拟旅游视为一种基于虚拟技术和设备的游览方式。

(5) 将虚拟旅游做广义和狭义二分法进行的阐述。

于萍（2008 年）认为广义虚拟旅游是通过互联网和数据传输以非身历其境的方式获取旅游地有关信息的过程；狭义虚拟旅游是通过虚拟现实技术、三维可视化营造、模拟及创造出虚拟旅游场景的多种可视化体验方式。

卢政营（2009 年）认为广义虚拟旅游是基于互联网或虚拟旅游技术完成的在线信息搜索、功能服务和心理体验等活动过程，并对现实旅游具有较大的促进作用的旅游活动。狭义虚拟旅游是将现实中的旅游场景制作成用于互联网、多媒体、触摸屏等多种载体进行不同角度观赏，获得身临其境般的体验。

骆高远、陆江东（2011 年），王碧含（2012 年）的观点及表述基本相似，认为广义虚拟旅游是以非身临其境的方式获得旅游景点相关知识和信息的过程。狭义虚拟旅游是以多种可视化方式形成逼真的虚拟现实景区，使游客获得有关旅游景点知识和信息的过程。

这类观点的狭义阐述与上述各类观点相近，意指对虚拟技术形成的旅游旅游场景或景区的体验，而广义阐述则将因旅游产生的各种网络信息活动都归为虚拟旅游，而信息获取行为与“虚拟”一词已经产生错位。

纵观上述国内外对于虚拟旅游的研究和定义，基本可以看出虚拟旅游概念的提出，主要是针对虚拟现实技术而产生的虚拟景观以及消费者与虚拟景观之间的互动关系的研究而提出的。

值得额外一提的是，Williams，Hobson（1995 年）研究中指出虚拟旅游最原始的概念性质源于大众接受和认可例如一些仿造国外知名旅游地建造的主题类公园。这种观点下指的主题类公园即深圳“锦绣中华”、北京“世界公园”、荷兰的“微型公园”、日本的“俄国域”等微缩景观，以及香港依《清明上河图》而建的“宋村”等。

这类仿造景观对应虚拟信息技术下的虚拟景观，二者意义并不相同。虽然仿造景观引发了旅游者对景观原型的虚拟体验，但其事实上作为一种旅游吸引物促成了消费者离开惯常居住地的游览和逗留的实质活动。而虚拟信息技术下产生的景观游览事实上并无真正意义的旅游行为，其实际或者是一次旅游活动的一个消费体验环节，或者是因某种原因而产生的消费者对于旅游活动的选择替代。从此意义上讲，这类主题公园的大众接受和认可并不能称为虚拟旅游。

5.4　智慧旅游

有学者称智慧旅游来源于“IBM”公司提出的“智慧地球（Smarter planet）”以及“智慧城市（Smarter cities）”。不管二者之间是否有发展体系上的渊源，从表述及内涵的范畴来看确是一种系统的构建。

从国家层面来看，对于“智慧旅游”的建设和推进也是十分关注的。2014 年，国家旅游局（现为中华人民共和国文化与旅游部）确定“2014 智慧旅游年”的旅游主题；2015 年，国家旅游局印发《关于促进智慧旅游发展的指导意见》❶。这些措施都明确地体现了国家层面旅游智慧旅游的发展态度，并且极大地推动了国内智慧旅游的研究和实践工作发展。

从学术界的研究来看，国外虽然有“智慧地球”、“智慧城市”的概念提法，也有相应的信息技术应用于旅游业的研究与实践案例，但在研究中却并没有针对性地提出和使用“智慧旅游”这一专业概

❶ 该《意见》中强调智慧旅游是运用信息网络技术和使用各类旅游信息，从而实现旅游服务、旅游管理、旅游营销、旅游体验的智能化。详见附录 1。

念术语。

虽然李云鹏（2014 年）对国外“智慧旅游”的一些描述做了总结分析，如世界旅游组织助理秘书长 Lipman 在 2009 年的联合国旅游委员会议上提出把智慧旅游作为旅游服务链的各个环节清洁、绿色、道德和质量的 4 个层面；英国的“智慧旅游组织”2011 年提出在旅游部门使用和应用技术称为“数字”或“智慧”旅游；美国学者 Molz 在 2012 年的著作中指出智慧旅游是使用移动数字连接技术创造更智慧、有意义和可持续的游客与城市之间的关联，智慧旅游代表更广泛的公民深度参与旅游的形式，而不仅是一种消费形式。但上述阐述的发表形式和内容结构并不是严格意义上的概念性学术研究结果，而更多的是处于现象表面的一种描述。

相比较而言，由于我国对于智慧旅游发展战略的重视，国内专家学者对智慧旅游的研究关注要多于国外。纵观一些学者的研究综述与讨论，以及笔者的搜索和总结，国内先后对“智慧旅游”做出界定的包括叶铁伟（2011 年）、刘军林等（2011 年）、金卫东（2012 年）、吴涛（2012 年）、张凌云等（2012 年）、姚国章（2012 年）、沈杨等（2013 年）、任瀚（2013 年）、付业勤等（2013 年）、徐波林等（2013 年）、赵明丽等（2014 年）、黄思思（2014 年）、邓辉（2015 年）、周波等（2016 年）等诸多学者。

择取其中有代表性几种观点的概念研究讨论如下：

第一种是进程性观点。如张凌云等（2012 年）认为智慧旅游是基于新一代信息技术（也称信息通信技术，ICT），为满足游客个性化需求，提供高品质、高满意度服务，而实现旅游资源及社会资源的共享与有效利用的系统化、集约化的管理变革。他强调指出智慧旅游的本质是智能技术应用过程中对于需求方、供给方、旅游业三方面的优化改进工程。按其具体表述显示为：提升旅游服务、改善旅游体验、创新旅游管理、优化旅游资源利用、增强旅游企业竞争力、提高旅游行业管理水平、扩大行业规模等。而且尤其强调了“智慧旅游是智慧地球及智慧城市的一部分”。

第二种是事物性观点。如李云鹏等（2014 年）认为智慧旅游是旅游者个体在旅游活动过程中所接受的泛在化（Ubiquitous）的旅游信息服务，并强调指出旅游信息服务是智慧旅游的最根本属性。邓辉（2015 年）认为智慧旅游是一种特殊的创意旅游，是一种以智慧为基础、以创意为主导、以技术为支撑、以智慧创造物为核心吸引物、以体验创意性成果和启发人的智慧创意为主要特征的旅游活动。他强调智慧旅游的创意性活动属性，以及智慧性的创造物是智慧旅游的核心吸引物。

第三种是状态性观点。如周波、周玲强（2016 年）认为智慧旅游依托物联网、大数据、互联网、移动通信技术等，优化旅游活动、提升游客体验，同时帮助旅游企业和行业管理部门实现旅游管理、旅游服务和旅游营销智慧化。

此外，还有一种研究是对前人概念研究的总结评价，但未给出个人的明确定义。

如黄思思（2014 年）回顾前人的概念研究提出其研究样本定义存在的一些不足，如未明确所应用核心技术类别、未明确服务对象、未明确提供的价值、未明确其性质等，但并未给出自己的概念定义。

然而对于这些不足评价，笔者认为：一是概念定义中是否有必要一一包含；二是前述张凌云（2012 年）的定义从这些要求来看可以满足。

另如吉根宝、王丽娟（2015 年）研究认为国内外关于智慧旅游的认知具有一定的差异，国内关注将信息化技术的旅游应用等同于智慧旅游，国外更倾向于弱化技术，而突出旅游的持续发展和对旅游者的关怀，进而提出智慧旅游首先应该是一种发展理念上的变革，然后才是技术应用上的配套和推动，同样也没有给出明确的定义。

对于该评价笔者认为：一是国内研究上述的三种观点，无论是进程性观点，还是类型性和状态性观点，都提出了智慧旅游基于信息技术之上的自身属性，未等同于信息技术的旅游应用；二是国外相关实践的研究并不提出使用智慧旅游，不能作为国内外概念研究比较的论据使用。

5.5 旅游信息化

旅游信息化是信息化时代发展的必然趋势。我国在《国民经济和社会发展第十个五年计划信息化重点专项规划》中界定了信息化的内涵，指出“信息化是以信息技术广泛应用为主导，信息资源为核心，信息网络为基础，信息产业为支撑，信息人才为依托，法规、政策、标准为保障的综合体系”。

进而“十一五”期间又推出《2006～2020 年国家信息化发展战略》，其中再次明确：信息化是充分利用信息技术，开发利用信息资源，促进信息交流和知识共享，提高经济增长质量，推动经济社会发展转型的历史进程。

从这两个文件中可以看出，信息化的含义包含两个层面，一层是由信息技术、信息资源、信息网络、信息政策、信息人才等共同构成的信息产业发展，另一层是基于信息产业发展而实现提高经济增长质量和经济社会发展转型的目标。这为旅游信息化的发展和实践指明了方向。

从国家层面来看，2017 年 3 月国家旅游局出台了《“十三五”旅游业发展规划》，其中详细分析了我国旅游信息化面临的形势及发展要求，提出了四大目标、十个主攻方向和九大重点工程[1]，在发展目标的表述时说：到 2020 年，旅游“云、网、端”基础设施建设逐步完善，信息新技术的行业创新应用不断深化，旅游数字化、网络化、智能化取得明显进展，旅游公共信息服务水平显著提高，旅游在线营销能力全面发展，行业监管能力进一步增强，旅游电子政务支撑行业治理现代化坚实有力，信息化引领旅游业转型升级取得明显成效。

从上述发展目标的表述我们可以看到涵盖了旅游商务、旅游政务、旅游公共服务以及智能化等，可见旅游信息化是一个更具有全面性的概念。

对于旅游信息化的概念研究，一些学者在国家政策和发展实践的基础上做了探讨，对代表性的论述总结如下。

张玉改、兰贵秋（2006 年）认为旅游信息化是指充分利用计算机技术、信息技术、数据库技术和网络技术，整合各类旅游信息资

---

[1] 详见附录 2。

源，使之成为旅游业发展的生产力，成为推动旅游产业发展和管理上水平的重要手段。

傅细三（2009 年）认为旅游信息化是指充分利用信息技术、数据库技术和网络技术，对旅游有关的实体资源、信息资源、生产要素资源进行深层次的分配、组合、加工、传播、销售，以便促进传统旅游业向现代旅游业的转化，加快旅游业的发展速度，提高旅游业的生产效率。

这两个论述基本是延伸信息化的含义，从旅游产业的角度进行具体表述。

除此之外，还有学者从产业融合的角度进行了分析，其对旅游信息化的界定在一定程度上提出了因信息化发展而实现旅游业与其他产业的融合扩展。即黎巎（2012 年）认为旅游信息化是旅游业以信息技术为核心的科技革命的转型与变革，并进一步指出这种转型和变革以旅游产业融合为主要方式，包括旅游产业的内部融合、旅游产业与信息产业融合以及旅游产业与其他产业融合。

也有学者对旅游信息化的含义给出狭义的范畴，梁尧忠、罗振雄（2012 年）研究认为在国际旅游学术期刊上关于“旅游信息化”的研究可分为消费者和需求层面以及供应者和产业层面，并强调指出未来的“旅游信息化”发展将会以消费者为中心，而供应者或旅游机构必须定制敏捷的需求发展应对策略才能确保旅游信息化的发展。

5.6　在线旅游

互联网产生并不断发展，利用网络及信息技术进行旅游信息推广查询、旅游产品销售预订等行为日益增多且普遍，在线旅游开始被人们关注并作为一个研究的热点。

相比较而言，欧美旅游发达国家的在线旅游消费发展早于国内，消费比例也高于国内。对于在线旅游相关研究较国内丰富且深入。

但在研究内容来看，国外较少将在线旅游作为一个单独对象进行概念性的研究，而更多关注旅游业与信息技术及互联网结合的互动发展研究，如在线消费行为、在线信息利用等。对于在线旅游概念进行界定的成果并不多见，代表性的如John Hagel（1991年）认为在线旅游是旅游企业将自身资源与互联网技术相结合，向外界发送旅游信息，吸引顾客咨询，并在互联网平台进行销售，进而加强旅游企业与顾客之间的联系。

国内学者对于在线旅游进行界定的成果较多，如曹会林（2006年）、张文华（2008年）认为在线旅游，又称为在线预订旅游，是旅游电子商务体系中的重要组成部分；李雪梅（2007年）认为在线旅游指旅游消费者通过在线旅游服务提供商的网站，提交机票和酒店住宿相结合并包含其他附加服务的自由行旅游产品预订订单，提交成功后由消费者通过网上支付或者门店付费等。这类观点从阐述来看主要关注消费行为的在线化。

侯建娜、李仙德（2011年）认为在线旅游是在Internet开放的网络环境下，通过把互联网、移动电子商务等高新技术应用于旅游业而实现的一种以互联网为核心，以在线旅游咨询、在线订购与交易、电子导游、旅游定位系统、网上虚拟实景旅游为主要内容的一种全新旅游新兴业态。这种观点阐述将电子导游服务和网上虚拟实景旅游等包含在内，虽然从本质来看这些组成属于旅游产品和服务的新形式和新内容，并不构成一种新的旅游业态，但概念内涵的扩展却更符合实践发展，与旅游电子商务也有了进一步的区分。

闫海艳（2015年）认为在线旅游是通过互联网或移动互联网获取旅游信息及预订服务的一种服务方式。这种观点视在线旅游为一种服务方式的变化，主要从旅游供给角度进行的界定，并且进一步将旅游供给者划分为核心服务商、外围服务商和相关服务商。其中核心服务商指提供在线旅游预订服务的在线直营旅游商、在线代理旅游商以及在线平台类旅游商；外围服务商指提供旅游信息、旅游分享等服务的旅游社区网站、旅游点评网站以及旅游门户网站；相关服务商指提供延伸服务的在线支付企业等。该观点在一定程度上拓展了相关服务在内的范畴，但同时也忽略了旅游者的在线行为和与供给方的互动关系。

总体来看，对于在线旅游的概念基本认识统一在旅游业与互联网和信息技术的结合，分歧在于内涵的范围大小。

5.7 概念辨析

综上来看，虽然这些概念的提出和使用原本都基于某种工作内容和研究角度，但在旅游业不断发展的推动下基于研究者和研究工作的复杂交叉下，一方面某些概念内涵在不断被扩充并与其他概念产生过多交叉；另一方面研究者在概念使用过程中依据个人观点进行选择，出现不同的替代使用。这两种现象都会使研究工作的深入发展产生一定的阻碍。因此，有必要对这些概念基于提出的目的和宗旨，并结合旅游业的发展实际进行厘定。

旅游电子商务内涵较为清晰，是旅游商务活动基于互联网和信息技术的电子化。

网络旅游概念的使用，从目前两种情况来看都存在一定的不合理性。一是与旅游电子商务含义相近的使用，从研究现状和实践发展来看，并无替代旅游电子商务的合理性，也无区别于旅游电子商务的独特性存在。二是针对网络虚拟环境旅游活动的使用，本质上没有与虚拟旅游存在更多差别。而且目前在研究工作中其使用率和公认度也没有虚拟旅游高。因此，笔者建议如没有其他特殊使用目的可以摒弃这个概念。

虚拟旅游概念在以上的分析中可以看出，研究者对于这个概念界定的一个基本共识是基于虚拟现实技术，分歧在于对这一概念的本质属性存在五种不同的认识，即有的学者将其视为一种旅游产品，表述中落足到一种虚拟环境；有的学者将其视为一种旅游体验，表述中落足到一种对虚拟景观或环境的体验；有的学者将其视为一种旅游活动，表述中落足到对虚拟景观或环境的游览活动；有的学者将其视为一种旅游方式，表述中落足到一种依托虚拟技术的旅游方式；还有的学者以广义和狭义来区分，广义上与旅游电子商务和在线旅游两个概念有极大重合度，没有本质区别，而狭义上表述则归属于上述4种情况之一。

回归到根本从旅游的概念来看，旅游是消费者离开惯常居住地到目的地的非获利性逗留，是一个包含“食、住、行、游、购、娱”等多种要素的系统。以上对于虚拟旅游的观点及表述，第一，从旅游产品观点来看，虚拟旅游更等同于一种旅游吸引物，笔者认为使用虚拟景观更具有合理性。第二，从旅游体验、旅游活动和旅游方式的观点来看，虚拟旅游并不具有旅游的真实属性，就比如“石马”并非真正的马，而是马形状的石头，真实属性是石雕。这些表述中更多的依然是消费者的一种与虚拟旅游吸引物的互动，是对真实旅游吸引物的一种宣传和推介，笔者认为更大意义上依然是对一种消费者与虚拟景观的关系描述。

因此，对于虚拟旅游这一概念，笔者认为使用虚拟景观更具有合理性，更能准确体现其本质属性。

智慧旅游概念的使用初衷是基于互联网和信息技术要实现的旅游业发展优化，无论是现有界定的进程性、事物性、状态性中的哪一种观点，其核心意义都是旅游活动发展的一种优化目标，最终实现旅游的智慧化。这是其与旅游电子商务和在线旅游的本质区别。

旅游信息化是从产业的层面要求旅游业加大加深信息技术的应用程度，实现旅游产业的经济效益提升和经济结构优化，相较于旅游电子商务和在线旅游更具有宏观性特征。

在线旅游概念界定的主要差异在于内涵范围的大小，较小范围的界定指向在线旅游产品和服务的供给和消费，这与旅游电子商务的内涵并没有太大的区分。但在目前旅游业与互联网和信息技术不断融合发展的态势下，存在越来越多电子商务范畴之外的与旅游相关的在线行为和关系，虽然某种程度上这些行为和关系不能完全脱离与电子商务的联系，但却并不一定都包含在旅游电子商务的研究范围内。因此，有必要保留并继续使用在线旅游这一概念，但笔者认为应该对此概念采用较大的内涵范围，在线旅游应该包含旅游电子商务，同时包含与旅游相关但非电子商务范畴内的一切在线行为和关系。

5.8 关于在线旅游的主张和观点

综合上述分析论述，对于在线旅游的认识，笔者认为在线旅游是旅游发展经历信息化发展的一段进程，是研究者在旅游与互联网和信息技术融合进程中的一种动态审视，目的是与信息化发展之前相对比并揭示和明晰信息化发展的影响及效果，从而进一步促进信息化的科学合理发展。因此，当旅游与互联网和信息技术完全融合，或称之为旅游信息化发展全面实现，未来再无比较分析必要之时，在线旅游也会成为旅游发展史的一个段落，这一概念也将成为回顾历史的一种提法。

基于这一观点，本书对在线旅游的概念界定遵从旅游的概念并做阶段特征的限定，即在线旅游是非定居者借助互联网和信息技术而进行旅行和暂时居住而引起的现象和关系的总和。

6 旅游业供应链及相关概念辨析

供应链管理在旅游经济发展中的应用研究一同进行使用的相近的概念有旅游供应链、旅游服务供应链、旅游目的地供应链、旅游业供应链等，在此对几个概念的定义和内涵进行辨析，区分异同。其他在研究中有所特指的如生态旅游供应链、农业旅游供应链、乡村旅游供应链、绿色旅游供应链、低碳旅游供应链等，在此不做额外探讨。

6.1 旅游供应链

供应链管理思想在旅游研究中的应用首先提出的概念就是旅游供应链。在第4章的理论综述中对旅游供应链概念做了较为详细的阐述，这里不做更多重复分析，仅借助较为公认的 Tapper，Font（2004年）所做的广义概念界定进行简单论述。

Tapper，Font（2004年）认为旅游供应链是由向旅游者提供旅游产品和服务的所有供应商所组成，包括旅游产品供应体系中所有用来满足旅游者需求的商品和服务的供应者，以及旅游者在旅游过程中直接向其购买商品或服务的目的地其他供应商；这些供应商所提供的商品或服务包括住宿、交通、吸引物、酒吧、餐馆、纪念品和手工艺品、食品生产、垃圾处理系统以及对旅游业的发展起支持作用的目的地基础设施等。

从这个定义的表述来看，该定义的视角主要是产品供应链层面的认识。对旅游供应链其他一些表述（详见第2章）还有从企业层面进行的论述，往往核心词汇涉及旅游经营商、旅游供应商、旅游代理商等。

6.2 旅游服务供应链

旅游服务供应链同样是供应链管理思想在旅游研究中应用较为频

繁的概念。

国外学者在20世纪末期的研究中就多次提及了旅游服务供应链的概念，但并未进行详细的定义阐述。其后，Karamustafa（2000年）指出旅游服务供应链由旅游供应商、旅游经营商、旅游代理商和旅游者等要素构成；Weiermair，Peters（2005年）认为旅游服务供应链包括旅游集成商提供产品和目的地信息、产品订购、交通、景区、住宿、餐饮，以及售后服务等方面。

国内学者张英姿（2005年）较早探讨了旅游服务供应链，指出它是以旅行社为核心为旅游者提供需要的旅游服务组合产品；张晓明（2008年）认为旅游服务供应链是整合旅游资源并为旅游者提供综合性产品或服务的链条；黄立国（2010年）认为旅游服务供应链是从产品设计、生产、组合，直到销售，且使旅游服务在旅行社、酒店、景点、交通部门以及消费者之间传递的链条。

从上述定义的表述来看，旅游服务供应链同样属于产品或企业供应链层面的认识，只是在表述中更多针对服务的传递，也有学者认为这是服务供应链在旅游业的应用。

6.3 旅游目的地供应链

徐虹（2009年）认为旅游供应链是从旅游业运行的角度确定内涵，涉及范围较窄，从而提出旅游目的地供应链概念，她指出旅游目的地供应链的范围和构造方式要更加宽泛和复杂，是从游客体验涉及的时间与空间要素复杂运行的角度来认识供应链，其构成要素内容、构造形式及其运行方式都具有较大差异。

因此，她认为旅游目的地供应链是旅游目的地为满足游客优异体验需求和实现目的地可持续发展目标，而将包括各类商业服务和公共服务在内的综合服务提供给游客的各类组织和机构复杂关系的有机网络集合体。

黄晶等（2010年）、王永强（2013年）皆认同徐虹给出的概念界定，并应用它做了进一步的游客满意度的影响因子研究和旅游目的地供应链的构建研究。

6.4 旅游业供应链

旅游业供应链概念与旅游供应链仅一字之差，但从概念表面词义来看应该是站在产业层面来理解供应链的。

笔者曾于2006年发表对于旅游业供应链模式发展的看法，虽然没有针对性的论述旅游业供应链的内涵，但在使用旅游业供应链这一概念时即是基于从产业整体可持续发展的角度，分析旅游业供应链结构上的缺陷，指出旅行社业作为旅游产业的一个部门节点充当供应链核心的不适应性，并进一步指出朝向可持续发展的合理趋势应当由旅游景区这一部门节点作为供应链核心进行转变。

虽然这种观点有学者赞同，也有学者持怀疑态度，但对此概念的应用确是从产业层面进行的认识。国内一些学者对此的认识和表述也同样具有相似性，如刘庆余（2008年）指出旅游业供应链是以旅游业运作所涉及的各相关行业企业为节点，联结成服务于旅游者的完整供应链等。

6.5 概念辨析

供应链管理思想在旅游研究中应用所提出的这些概念，属于研究者站在不同视角和层面进行的探索。

从上面的概念界定来看，旅游供应链和旅游服务供应链基本属于产品供应链，虽然旅游服务供应链有学者的指出是服务供应链在旅游业中的具体运用，但旅游产品具有很大的服务属性，在旅游供应链的研究中必定包含服务的供给和传递。

旅游目的地供应链更宽泛的关注产品生产供给及游客在目的地消费过程中的诸多互动要素，因此从旅游目的地范畴审视供应链的运营，能更加全面的提升旅游者消费质量，并且有助于旅游目的地范围内的资源优化配置和供给效率提高。

旅游业供应链是关注产业层面的供应链运营，审视旅游产业内部各行业部门之间的协调和合作，以及与产业外部辅助行业部门的衔接和合作，是从较为宏观的视角为旅游业发展实践提供理论指导。

此外，从供应链管理主体角度来看，旅游供应链和旅游服务供应链的管理主体是旅游企业，管理对象是自身内部的供应链管理和产品链上的合作伙伴关系管理，目的是发挥自身核心优势，谋求产品链上的优化合作而实现共赢。

旅游目的地供应链的管理主体是旅游目的地管理组织或部门，采用宏观调控或政策引导等方式实现旅游目的地内部供应链的优化及与其他目的地之间的供应链协调，谋求目的地资源配置和产业结构的优化，以及适应目的地之间的合作共赢。

旅游业供应链的管理主体是国家层面的产业调控，从全局审视旅游产业内部的结构组合及与相关产业部门的融合发展，谋求旅游业的供应链运营适应社会经济发展趋势并实现经济效益、社会效益及环境效益的提升。

6.6 关于旅游业供应链的主张和观点

对应在线旅游的概念内涵取向，对其进行供应链管理的思考，关注对象超越了产品层面，涉及更多旅游者在目的地旅行和逗留时的引发现象和关系，并且不局限于某个旅游目的地的空间范围，而具有更普遍意义的整体产业研究。因此，本书选择了旅游业供应链的概念进行在线旅游的研究，以保证研究范畴和对象的对等性。

基于上述分析，本书对旅游业供应链的概念界定为连接旅游产业内外部资源，促发形成旅游吸引力，推动资源转化为旅游产品，并最终实现旅游消费的功能网链。该定义具有以下几个特征：

第一，它是一个范围更广的产业结构模式，既包含目前旅游产业内部的行业部门节点，也包含在“旅游+”的融合战略模式推动下开展旅游活动的其他行业部门节点，从各类资源转化到旅游产品生产，直至旅游消费实现。

第二，它是一个动态开放的发展结构模式，包含一切参与旅游经济活动的行业部门、转化为旅游产品的资源、推动并优化旅游消费的因素。

第三，它是一个复杂系统的网络结构模式，包含一般供应链所关注的连接各节点的物流链、信息链、资金链等，还包含旅游业需要特殊关注的服务链、文化链、客流链等。

第四，在这个网络中存在复杂多维的合作伙伴关系，包含贸易合作之间的商务伙伴关系、调控合作之间的责任伙伴关系、公益合作之间的道德伙伴关系、隐性合作之间的文化伙伴关系等等。

7 在线旅游发展下的旅游业供应链演变

在前文对在线旅游和旅游业供应链做了详细的讨论和分析后，本章将从在线旅游发展对旅游需求和供给产生的影响分析入手，进一步探讨旅游业供应链的对应变化，从供应链管理的范畴、结构等方面提出一些见解，希望能为旅游业的整体发展形成一些有价值的参考借鉴。

7.1 在线旅游对旅游需求的影响

需求管理是供应链管理的主要内容之一。在线旅游的发展使旅游需求发生了深刻的变化，本节将对此方面进行探讨。

7.1.1 旅游需求及其影响因素

7.1.1.1 旅游需求

虽然旅游需求的定义表述很多，但基本具有两个统一认识：一是购买意愿，二是购买数量。

如罗明义在《旅游经济学》中给出的定义表述更关注旅游者因为旅游欲望而可能购买的旅游产品数量；谢彦君在《基础旅游学》中对旅游需求表述为潜在旅游者愿意并能购买的数量关系，其关注点是价格与产品的数量“关系”；保继刚对旅游需求的界定更进一步的关注旅游者对某一旅游目的地限定性的旅游产品需求数量，具有更强的可度量性。

无论哪种表述，学者研究过程中对旅游需求的认识基本一致，即潜在的购买意愿和可行的购买数量。

7.1.1.2 旅游需求影响因素

影响旅游需求的因素较为复杂，大致可分为宏观和微观两个层面。宏观来看，区域经济发展水平、国家政策环境、社会秩序状况、文化习俗、自然地理环境等等都会对旅游需求产生不同程度的影响。微观来看，消费群体特征、旅游目的地特征等是主要的旅游需求影响因素。

A 区域经济发展水平

一方面，从目的地角度来看，区域经济发展水平直接影响旅游业的整体发展水平，旅游产品的创新水平、旅游接待能力的适应性等都对区域经济发展水平有极大的依赖性，使旅游者对区域旅游选择及旅游购买意愿有整体先见感受。

另一方面，从消费者角度来看，区域经济发展水平影响区域内消费者个人收入水平，发达地区人均收入高于欠发达地区，直接影响个人可支配收入数量，从而影响旅游需求量。

B 国家政策环境

一方面，国家政策朝向旅游目的地和旅游业发展有利倾斜，将促进区域旅游发展水平提高，间接推动旅游需求增长。反之，将影响旅游需求增长。

另一方面，国家政策内容有利于潜在旅游者实现旅游消费，如带薪假期政策、法定假日相关政策等，将极大推动旅游需求增长，国内“黄金周”现象的出现就是这样的结果。反之，将限制旅游需求增长。

C 社会秩序状况

社会秩序包括几个层面的含义，一是社会治安，整体社会环境的稳定；二是社会规范，整体社会对于旅游业发展的态度和旅游者的好客度；三是市场秩序，整体市场贸易环境的规范有序等。

这几层含义下的社会秩序都会直接影响消费者马斯洛需求中的基本生理和安全需求，如社会动乱、军事战争、疾病传播造成的社会环境不稳定，旅游需求将受到极大阻碍；旅游目的地对游客的敌意和不友好，如2018年9月瑞典对华游客的侮辱和侵害行为将会极大削减旅游需求；市场混乱，各种违规违法经营现象存在，如低价团、黑导游等，都会极大影响旅游需求增长。

反之，社会环境问题、社会规范适宜、市场良好有序，将大力推动旅游需求增长。

D 文化习俗

文化习俗对旅游需求的影响要从两个方面辩证的审视。

一是文化习俗的区域相似，容易形成较好的接待环境，促进旅游需求增长。但从另一角度来看，文化习俗的区域相似又难以形成较大的旅游吸引力，限制旅游需求增长。

二是文化习俗的区域差异，容易形成较大的旅游吸引力，推动旅游需求增长。但从另一角度来看，文化习俗的区域差异过大又潜藏接待环境的不适应和敌对隐患，如宗教信仰的差异，反而限制旅游需求增长。

E 自然地理环境

一方面，在旅游需求不断复杂的发展态势下，不仅优美、奇特的自然地理环境能形成巨大旅游吸引力，推动旅游需求增长。往往一些极端、恶劣的自然地理环境也成为探险旅游者等群体的喜爱对象，形成旅游需求的增长，如沙漠探险、高山探险等。

另一方面，在特定区域或特定时段下的不稳定自然地理环境确是旅游需求的阻碍因素，如热带区域的台风、海啸、板块交界处的地震、火山爆发等。

F 消费群体特征

影响旅游需求的消费群体特征包含较多因素，往往具有直接重要影响的如消费者收入水平、闲暇时间、社会地位、身体状况、家庭结构等。

消费者的收入水平、经济状况是实现旅游活动的主要客观条件，直接衡量指标即消费者的可自由支配收入高低。在消费者满足自身衣、食、住等必需的生活消费开支和必要的社会消费开支之后，其剩余部分的多少直接影响旅游购买意愿大小和购买数量多少。

闲暇时间是决定消费者实现旅游活动的另一主要客观条件，指消费者在工作、学习、生活及其他日常的限制性活动之外，可随意支配的自由时间。传统意义上而言，国家法定休息政策和企业休息规定是闲暇时间的直接决定因素，但消费导向变化趋势下，个人的旅游需求意愿越来越具有更大的影响力。

消费者所处的社会阶层、社会地位对旅游需求也有较大影响力。

从一般的社会群体特征来看，往往处于较高社会阶层和社会地位的人，性格更加开放和具有心理自信，具有较高的旅游积极态度和意愿。相反，一般处于较低社会阶层和社会地位的人，从性格和心理上对旅游具有一定程度抵触，旅游需求不强。但从另一方面而言，社会阶层和社会地位的差异，更大程度上直接对应经济收入和闲暇时间两个主要客观条件的差异，是影响旅游需求的更大因素所在。

身体健康方便状况也是影响出游的一个重要因素，重大疾病患者、年老体衰群体都是受此因素影响而降低旅游需求。

家庭结构这个影响因素，应该有新的认识。传统观点家庭成员拖累成为影响旅游需求的一个主要因素，如具有四岁以下婴幼儿和较高年龄老人，将会因为这样家庭成员的特殊照顾原因而降低旅游需求。但实际情况来看，更合理的解释应该是家庭结构会影响旅游需求结构，而并非单纯降低旅游需求，想反对某种旅游活动或产品具有需求增长的情况。

例如重视学前教育且认同“行万里路，读万卷书”的家长，可能视婴幼儿接受程度会频繁安排短距离或较为舒适缓和的旅游线路而出游等。

G 旅游目的地特征

影响旅游需求的目的地特征包括旅游资源的吸引力、旅游设施的完备程度、旅游交通条件、旅游产品价格、旅游宣传营销等方面。

旅游资源的吸引力是影响旅游需求的核心要素。从旅游资源的研究发展来看，对这一影响因素应该持动态发展的观点，不局限于现实即存的旅游资源状态，而是以创新开发的视角不断使更多资源要素融入旅游业的发展成为新兴旅游资源，或是以创新利用的视角不断挖掘或增强现有旅游资源的吸引力，从而推动旅游需求增长。

旅游目的地的接待设施完备性具有两个层面的含义。一是整体接待设施量的完备，能够适应并满足旅游需求的数量，现实完成旅游接待，使旅游者具有完整的旅游体验，以此形成目的地良好接待形象，从而促进旅游需求增长。二是接待设施结构层面质的完备，能够满足不同层次旅游需求并具有特色差异，高质量完成旅游接待，是旅游者具有独特优质的旅游体验，旅游接待设施体验与旅游资源及旅游文化又高度对应性，以此形成目的地优越接待形象，从而促进旅游需求增长。

旅游交通交通条件是影响旅游需求的另一目的地因素。一方面，旅游交通条件的便捷、安全是满足旅游需求形成的基本条件。另一方面，旅游交通的舒适、特色鲜明是推动旅游需求增长的重要条件。消费者的空间转移是旅游业发展的独特性所在，在空间转移基本完成的同时，消费者主观感受和评价是其他消费活动区别于物流的最大差异，重视旅游交通的高质量发展对于推动目的地旅游需求增长具有至关重要的作用。

产品价格与需求量具有经济学理论意义的直接对应关系。但需要注意的是，旅游产品更大意义上属于精神消费，在很大程度上包含复杂的主观情感因素。因此，旅游产品价格一方面要遵守经济学发展规律，另一方面还要充分利用消费者的主观情感因素进行产品内涵的深加工，以实现需求增长与利润提升的双赢。

旅游目的地的宣传营销对旅游需求具有复杂影响作用，之所以用复杂形容影响作用，一方面旅游目的地的宣传营销力度大小会对同等条件下旅游需求产生不同影响作用，另一方面宣传营销的真实性和承诺的兑现性会对后续旅游需求产生完全不同的效果，宣传营销力度大容易形成短时期的旅游需求增长，而真实性和承诺兑现性差反而会导致长时期的旅游需求削减。

7.1.2 在线旅游发展下的旅游需求影响因素变化

本书中探讨的在线旅游发展下的旅游需求影响因素变化，并非完全来自在线旅游现象、行为和关系的直接影响，更大意义上是指互联网和信息技术与旅游业融合发展下的影响变化，体现在旅游业实际发展中呈现为在线旅游发展带来的旅游需求影响因素变化。

总体来看，在线旅游发展带来的旅游需求影响因素变化可以分为两类，一类是对原有的旅游需求影响因素的影响力产生了某种方向的推动变化，另一类是增加了新的旅游需求影响因素，或称为使原本隐性的或影响力较小的因素产生了地位变化，变成了显性影响因素或重要影响因素。下面来做分类具体分析。

7.1.2.1 原有旅游需求影响因素的变化

受互联网和信息技术发展的影响，信息传递的方式和效率产生了巨大的变化，消费者通过各种信息网络传递渠道更容易获取各方面刺激旅游需求产生的丰富信息，在此影响作用下，上述原有旅游需求影响因素依然发挥着固有的影响作用，但其影响力度和影响时效发生了巨大变化。

从宏观影响因素来看，潜在旅游者更容易通过网络信息渠道及时全面了解区域经济水平、政策环境、社会秩序、文化习俗、自然地理环境等各方面的内容。对于区域经济水平能够从多方面进行全面判断，对于国家政策环境有更详细的了解和自我利用，对于社会秩序、文化习俗、地理环境等各方面的异动能够及时掌握，相比较传统的信息获取方式、内容的局限和时间的延迟，上述都在一定程度上提升了这些因素的影响力度，以及对旅游需求产生的影响时效。

从微观影响因素来看，互联网与信息技术在旅游业的融合对某些方面的影响因素导致了影响力的削减，但对某些方面的影响因素又引发了影响力的增强。

对于消费者的收入水平来说，互联网金融的发展促使消费者具有了更大的提前消费能力，如信用卡支付、信用卡分期还款、个人旅游信贷等多种措施，使原本不具备进行旅游的可自由支配收入水平的消费者可以提前预支，从而产生旅游意愿和具有旅游购买力，一定程度激发了旅游需求增长。从一定意义上来说削减了消费者收入水平的影响力。但这种削减并非没有边界限制，理性的消费者在进行预支消费的同时也是以自身收入水平作为衡量标准的，这种思考情况下的消费者收入水平影响力削减仅是可自由支配收入标准线的某种程度降低。

对于闲暇时间来说，信息时代的信息爆炸性传播，一定程度上引发部分消费者价值观念和生活轨道的位移，从而产生了对常规价值观念和生活轨道限制约束的挣脱，不再认可长期工作而短期休闲的枯燥，不再忍受经常压抑而偶尔放松的折磨，转而去接受或享受没有固定工作限制、居无定所、漂流游荡的生活，如各种“世界那么大，我想去看看”的拓展，短期打工积蓄收入然后各处飘荡的生活群体等。这些现象的发展是消费者在信息时代的一种价值观念和生活方式选择，同时也是个人摆脱限制而主导闲暇时间的体现，在一定范围上削减了闲暇时间对旅游需求的影响力。

对于社会阶层来说同样具有这样的变化影响，信息爆炸传播的影响同样会改变原有较低社会阶层和社会地位群体对于世界和生活方式等原有观念认识，同样会激发他们的旅游意愿，在现实条件下做出更多旅游购买的选择，从而削减社会阶层原本的影响力。

对旅游目的地的旅游资源吸引力和接待设施完备程度而言，在线旅游的发展增强了这两方面因素的影响力，各种信息传递的网络平台更能全面及时展示旅游资源和旅游设施的状况水平，对旅游需求的产生影响作用随之增强。

对旅游交通条件和旅游产品价格来说，信息传递的效率提升了旅游者对这些因素的对比分析能力，在选择上更有话语权，同样属于影响力增强的范围。

对旅游目的地的宣传营销来说，影响力的增强是最明显的。互联网和信息技术的应用，使旅游宣传营销方式、内容、效率都有质的飞跃，旅游者能通过文字、图片、视频等多种信息方式了解旅游目的地的信息，从而做出消费决策。因此，旅游目的地宣传营销的影响作用的提升是非常巨大的。

7.1.2.2 新的旅游需求影响因素的变化

在线旅游的发展同样激发了一些新的旅游需求影响因素，正在日益引起旅游供需双方和研究者的重视和关注。

（1）旅游信息传播方式成为旅游需求的重要影响因素之一。这里包含了信息传播方式的两种含义。一是在信息时代信息传播可选择的媒体和渠道多种多样，针对不同的消费群体市场选择合适的信息传播方式是非常重要的，如不同职业、不同社会阶层、不同年龄的人会使用不同的社交媒体平台，科学的选择会有效促进旅游需求增长。二是对于信息双向传播的重视和完善是信息时代消费者需求产生的重要影响因素，重视信息的回馈和再反馈是信息时代消费的主要特征，同时也成为重要的旅游需求影响因素。

（2）消费者个人特征层面的网络应用能力也成为旅游需求影响因素之一。网络渗透率较高的区域往往代表消费者个人网络应用能力普遍较高，在线旅游需求水平自然受其影响随之提高。反之，则不然。

（3）旅游目的地或旅游供应商的在线宣传营销能力成为旅游需求的重要影响因素。即使具备诸多有利宏观影响因素和微观影响因素，但对于宣传网站或预定平台的设计运营能力较差，同样不一定能有效促进旅游需求的增长。反之，即使各种既定影响因素较差却可能会因为较好的网站内容设计及销售平台的科学有效，从而使旅游需求大幅增长。

（4）参照群体的影响作用日益增大，成为显性的主要影响因素之一。传统意义上旅游者口碑相传的参照群体影响作用范围有限，时效性差，仅是隐性的旅游需求影响因素之一。但互联网和信息技术的发展，使旅游者能够更方便、快捷的通过各种旅游网站、交易平台、社交媒体发表自身消费体验和评价，且传播范围不受空间限制，时效性极强，成为潜在旅游者形成旅游需求的重要参照信息，从而对旅游需求的影响力大幅度增强，日益受到各方的密切关注。

7.2 在线旅游对旅游供给的影响

在线旅游的发展同样使旅游供给也发生了深刻的变化，本节将对此方面进行探讨。

7.2.1 旅游供给及其影响因素

7.2.1.1 旅游供给

供给与需求是经济学中的核心概念。在经济运行的分析中，供给往往指产品的供给，与时间、价格、数量等条件因素相联系。

从旅游经济活动领域的应用而言，旅游供给应该是旅游产品的供给。一般而言其定义表述为指一定时期内在一定价格水平向旅游市场提供的旅游产品数量。

虽然旅游供给一般意义上是指旅游产品的供给，但是旅游供给内容结构却并非简单地等同于旅游产品结构。因为旅游业是一个综合性极强的产业，旅游业的运行对资源禀赋、自然环境、经济水平、社会文化、市场环境等都存在强烈的依赖性，旅游产品的供应往往涉及国民经济中诸多产业和部门的参与。

Tapper 等（2004 年）在定义旅游供应链时就指明旅游业的供给不仅包括提供旅游产品和服务的直接供应商和间接供应商，在绿色旅游供应链上还包括如垃圾循环利用处理部门和环保部门等。国内诸多学者也都曾研究指出旅游供给涉及各种私营企业和公共部门，政府应该承担旅游公共服务的供给等。

7.2.1.2 旅游供给影响因素

旅游供给的影响因素同样复杂多样，大致也可以分为宏观因素和微观因素两类。宏观因素如自然环境、政策环境、经济水平、科技水平等，微观因素如旅游资源禀赋、旅游产品价格等。

A 自然环境承载力

传统观念下旅游业是“无烟产业”，但旅游业的实践发展已经充分说明了其与自然环境存在不能忽视的矛盾冲突。很多旅游目的地的旅游大发展都是以不可恢复的环境污染和生态破坏为代价的。因此，旅游业的可持续发展必须以自然环境承载力的界限为前提，这也必定成为影响旅游供给的前提因素。

B 政策环境因素

国家的政策有利倾斜必定促进旅游业的快速发展，提升旅游供给水平。反之，将阻碍旅游供给发展。这其中包含两层含义，一是优势政策环境必定推动现有旅游供给主体加快发展，提升旅游供给数量和质量；二是优势政策环境也必定促进更多资源朝向旅游业汇集，丰富并创新旅游供给。

C 经济发展水平

旅游经济的发展对区域经济水平有很大依赖性，旅游供给的发展往往涉及国民经济中诸多部门的参与。区域经济发展水平高往往有利于形成规模化和结构合理的旅游供给，反之，在经济水平限制下容易形成旅游供给某些方面的短板，如旅游交通条件差、旅游娱乐设施少等，影响整体旅游供给水平。

D 科学技术水平

科学技术就是生产力，科学技术水平对旅游供给起着至关重要的作用。

一方面，科学技术在旅游业的应用水平的提升会提高旅游供给质量，增加旅游供给效率，如信息技术提升旅游产品信息传播效率，虚拟技术提供虚拟景观辅助现实旅游体验质量提高等。

另一方面，科学技术在旅游业的应用水平的提升会创新旅游产品，丰富旅游供给，如高科技交通技术的发展催生高铁等新的旅游交通设备应用，太空技术的未来普及有望实现太空旅游的大众化推广等。

E 旅游资源禀赋

旅游资源是旅游产品的核心和基础，是旅游供给的核心内容和原动力。因此，旅游资源禀赋特征对旅游供给具有直接的复杂影响。

一方面，旅游资源禀赋特征将决定旅游供给的主要内容和方向，如自然资源禀赋优异有利于主要提供观光类、探险类等旅游产品供给；民俗风情资源禀赋佳则有利于主要开展猎奇类、体验类等旅游产品供给等。

另一方面，旅游资源禀赋特征将影响旅游供给的季节性特征，如气候气象旅游资源优异容易形成旅游供给的淡旺季特征等。

需要指出的是，对于旅游资源禀赋我们应持动态发展的观点，在市场需求引导及科学技术水平提升的推动下，应不断寻找改善旅游资源禀赋特征的方向，持续完善和提升旅游供给水平。

F 旅游产品价格

该因素无须过多阐述，在任一商品市场价格都是影响供给的主要因素，旅游供给也不例外地遵循市场经济规律。在其他因素不变的前提条件下，旅游供给同样遵循因价格上升而供给增加，因价格下降而供给减少的规律。

但同时我们仍应关注旅游业的一些特殊性影响，例如自然环境承载力的约束限制下，即使价格上升，但旅游供给仍然要遵守环境保护前提下的统一调控，“黄金周”市场期间需求暴增下价格竞争仍然难以削减旅游供给总量等。

7.2.2 在线旅游发展下的旅游供给影响因素变化

总体来看，在线旅游发展带来的旅游供给影响因素变化主要是对原有的旅游供给影响因素的影响力产生了推动作用。下面来做分类具体分析。

对于自然环境承载力来说，在线旅游发展更大地激发了旅游需求增长，进一步引发旅游供给的对应增长，对于自然环境的保护重视随之不断提高，环境承载力的关注及可持续旅游的观念更加深入人心，其对旅游供给的影响力随之加强。

对于政策环境因素来说，在线旅游的发展伴生着诸多旅游供给新内容的产生，如共享经济发展下的共享交通、共享住宿等，这些新供给的发展和规范直接受政府政策引导，合理鼓励并科学规范共享供给的发展，必然促进旅游供给水平提升。反之如果限制其发展，同样会阻碍旅游供给的创新和变革。可见，政策环境的影响力也在不断加强。

对于经济发展水平来说，在线旅游发展激发旅游需求的个性化和复杂化发展，使旅游业的产业融合不断推进，越来越多的国民经济领域和部门正不断加入旅游供给，是旅游供给对区域经济发展水平的依赖性不断增强，同样体现了其影响力的不断增强。

对于科学技术水平来说，在线旅游发展下越来越多的科技产品应用到旅游供给中，如智能讲解设备、智能穿戴设备、虚拟景观设备等，同样也是影响力提升的体现。

对于旅游资源禀赋来说，旅游与诸多产业的融合发展，开拓了更多资源转化为旅游资源的发展空间，为旅游资源禀赋的改善和提升提供了更大可能性，进而也提升了其影响旅游供给的力度和多样性。

对于旅游产品价格来说，旅游信息传播效率的提升会使旅游供给主体对于整体市场价格的波动更具敏感性，会因整体市场价格波动调整供给策略，同样属于旅游价格因素影响力增强的变化。

7.3 旅游业供应链的演变

以供应链管理为视角进行旅游业相关问题的研究越来越受到国内外学者的重视，虽然这一研究视野仅仅经过了10余年的发展时间，但目前成果已经较为丰厚。供应链管理思想作为一种先进的管理思想，对旅游业发展的重大指导价值已经得到了各界人士的认可。从微观层次而言，单体旅游企业对自身运营进行供应链管理，优化自身与供应商及旅游者之间的供需关系，可以降低企业成本，提升产品和服务供给速度和质量，满足消费者多样化需求；从宏观层次而言，对旅游业的整体运营进行供应链管理，在提高整体产业经济效益的同时，对提升旅游业经济效益，保障旅游业可持续发展都会具有巨大的意义。

我国的旅游业经过了一段较长时期的持续快速增长，产业规模持续扩大，已经从旅游资源大国转变成为世界旅游大国，正努力朝向实现世界旅游强国的目标迈进。然而，信息时代的变化和科学技术的飞速发展，以及国民经济水平不断提高而推动发展起来的“散客时代”潮流，都在向旅游业的发展提出越来越多的要求。不断出现的旅游交通事故问题，频繁曝光的旅游宰客事件，持续数年的黄金周景区爆满和游客滞留现象，都在提示着人们，旅游业的发展不仅需要从各个组成行业的企业管理层面、政府的引导和监督层面等寻找解决办法，更需要站在全局的角度，整体来审视旅游业供应链的科学运营模式，以系统的观念来为旅游业各组成部分进行定位和思考，如何构建一种科学的供应链模式，使旅游业朝向健康和可持续发展的道路前进。

本节将从我国旅游业的发展历程角度，分析总结旅游业发展至目前在线旅游过程中旅游业供应链结构模式的演变，并结合学术界的探索与当下旅游业的实际情况，对旅游业供应链的发展管理进行初步探讨。

7.3.1 改革开放前的“一字形”旅游业供应链结构

中华人民共和国成立初期，百废待兴，中国面临战后国家经济建设的重任，为了使我国社会主义体制得到世界各国的认同和接纳，在改革开放前，旅游活动成为一种重要的外交手段，通过旅游使更多的国外各界朋友了解我国的实际情况。

此时，我国的旅游活动主要是接待外宾访华，在国内经济恢复建设阶段的限制和有限旅游需求的影响下，旅游供给极其有限，接待设施和交通条件极为匮乏，旅游供给实际是由外交接待形式和组织下的全包观光游览替代，旅游活动尚属外交事业性质，而并非市场经济活动属性。因此，此时期内的旅游活动基本是游客贯穿“食、住、行、游、购、娱”的一条线状流转结构。其模式如图 7-1 所示。

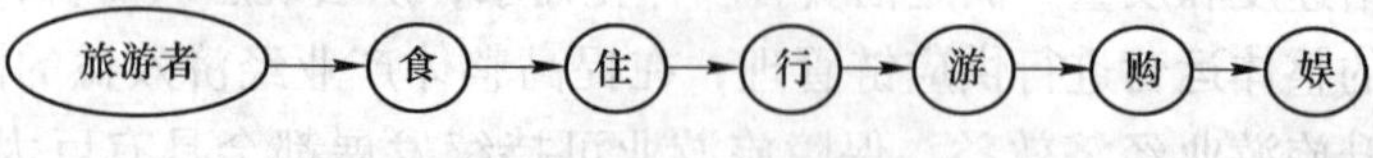

图 7-1 “一字形”旅游业供应链结构

7.3.2 改革开放初期的“T 字形”旅游业供应链结构

1978 ~ 1991 年的改革开放初步阶段，旅游业因为自身优势特征而成为改革开放的前沿突破口。例如 1979 年国家批准的第一批中外合资项目中包含旅游业所属的三个合资项目，1984 年建成了全国第一家外国管理集团管理的合资企业建国饭店等。

在此阶段，国家根据当时实际情况制定了适宜的旅游业发展方针，优先发展我国的入境旅游活动，对国内旅游活动则采取“不提倡、不宣传、不反对”的政策。该政策的实施直接促进了旅游供给的发展，有效地提升了旅游产品的供给质量，大大加强了旅游接待能力，旅游景区、餐饮住宿、旅游交通、购物娱乐等分部门供给都快速发展，同时也促进了入境旅游需求的迅猛发展。据统计，到 1991 年，中国旅游业接待入境旅游人数达到 3 334.98 万人次，旅游创汇 28.45 亿美元，分别比 1978 年增长了 18.4 倍和 10.8 倍。

此外，国家对于旅游业的重新定位，也直接促进了旅游供给的结构转变。在此之前，旅游业属于外交事业活动，而改革开放之后，旅游业被重新定位为发展创收外汇的经济性活动，这一定位转变的具体体现就是国家对相关旅游企业的管理由直接转为了间接。例如 1985 年国务院批复《关于当前旅游体制改革几个问题的报告》，对旅游管理体制开始实行“政企分开，统一领导，分级管理，分散经营，统一对外”的方针，并随后发布了中国第一部行政法规《旅行社管理暂行条例》，直接促进了旅行社业的发展，使旅行社在入境旅游接待中成为核心枢纽。

因此，此时期内的旅游活动基本呈现为以旅行社为核心枢纽的

"T字形"供应链结构。其模式如图7-2所示。

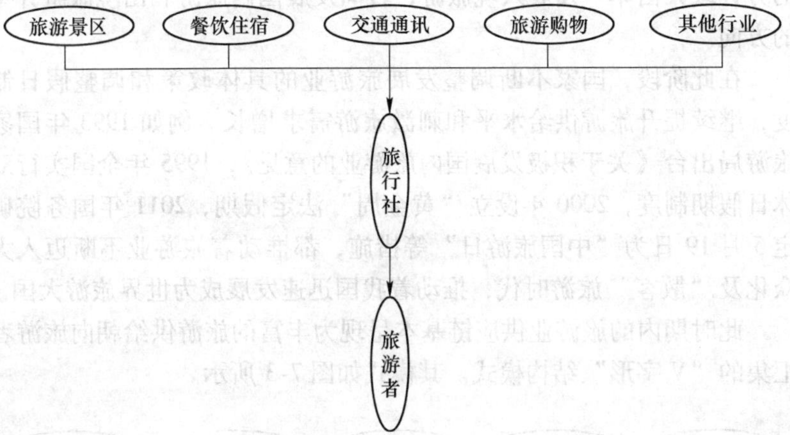

图7-2 "T字形"旅游业供应链结构

7.3.3 改革开放深入的"V字形"旅游业供应链结构

1992~2011年的改革开放深入阶段，国民经济发展的宏观环境变化不断推动着改革开放的进一步深入，对旅游业的改革开放也在不断形成新的推动力。

一方面，旅游业的市场化改革不断推进，旅游行业管理的市场进程不断加强。国家宏观调控管理的功能定位更加明确，促使旅游市场活力不断释放，极大地推动了旅游市场供给主体的飞速发展。

在此阶段中，国家宏观调控管理和旅游行业市场化规范主要体现在对旅游行业确立了标准归口管理的范围，使旅游业的市场化发展不断前进，极大地推动了旅游市场供给主体的成长。例如1993年国家技术监督局在《关于对旅游行业标准归口管理范围的批复》中指出由国家旅游局归口管理综合类、旅游设施类、旅游服务类行业，并确立了旅行社质量保证金制度，发布了《旅行社管理条例》，实施了国际旅游市场通行的国际旅游和国内旅游两种旅行社分类，并且进一步落实了国企中旅行社、旅游饭店等的政企分开等。

另一方面，在改革开放极大地推动了国民经济增长和人民收入提升效果的作用下，国民旅游需求有了极大的增长，促使国家发展旅游的方针政策由单一发展入境旅游，转向发展国内旅游和出境旅游并举的方向。

在此阶段，国家不断调整发展旅游业的具体政策和调整假日制度，继续提升旅游供给水平和刺激旅游需求增长。例如1993年国家旅游局出台《关于积极发展国内旅游业的意见》，1995年全国实行双休日假期制度，2000年设立“黄金周”法定假期，2011年国务院确定5月19日为“中国旅游日”等措施，都推动着旅游业不断迈入大众化及“散客”旅游时代，推动着我国迅速发展成为世界旅游大国。

此时期内的旅游业供应链基本呈现为丰富的旅游供给朝向旅游者汇集的“V字形”结构模式。其模式如图7-3所示。

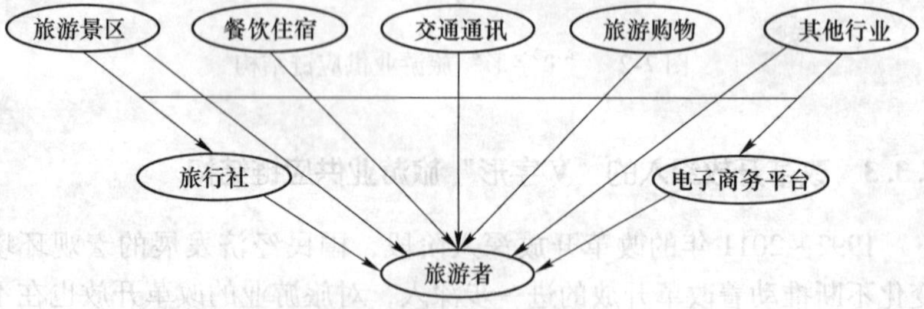

图7-3 “V字形”旅游业供应链结构

7.3.4 在线旅游发展的“O字形”旅游业供应链圈层结构

2012年至今的全面深化改革及在线旅游发展阶段，伴随着互联网与信息技术的不断发展，国务院连续出台系列重要措施，不断推动旅游消费的快速增长以及在线旅游的飞速发展。例如2013年国务院办公厅出台《国民旅游休闲纲要（2013~2020年）》；2014年出台《国务院关于促进旅游业改革发展的若干意见》；2015年出台《国务院办公厅关于进一步促进旅游投资和消费的若干意见》《关于积极发挥新消费引领作用加快培育形成新供给新动力的指导意见》《国务院办公厅关于加快发展生活性服务业促进消费结构升级的指导意见》，国家旅游局出台《关于实施“旅游+互联网”行动计划的通知》《关于促进智慧旅游发展的指导意见》；2016年出台《国务院办公厅关于进一步扩大旅游文化体育健康养老教育培训等领域消费的意见》；2017年国家旅游局发布《“十三五”全国旅游信息化规划》；2018年国务院出台《关于促进全域旅游发展的指导意见》等。

在此阶段中，频繁密集的系列政策方针不断完善我国的旅游消费环境，不断改善我国旅游消费市场，不断开拓我国旅游消费空间，推动着旅游供给的质量提升不断迈向便利化、精细化、品质化和结构化。同时，国家大力推行旅游信息化建设，推动在线旅游深入发展，各类旅游综合网站、旅游企业网站、旅游电商平台以及旅游相关社交媒体网站大量出现，覆盖酒店、旅行社、交通、景区、购物、娱乐等不同业态，囊括旅游销售、旅游统计、旅游投资、咨询投诉、导游管理等不同方面业务，极大地改变了旅游供给和旅游消费方式，也不断在推动着旅游商业模式的改变，助力旅游业朝向更加高质、高效的方向蓬勃发展。

此时期内的旅游业供应链涉及范围空气广泛，结构属性极大复杂化，大体呈现为全域发展态势的“O字形”圈层结构模式。其模式如图7-4所示。

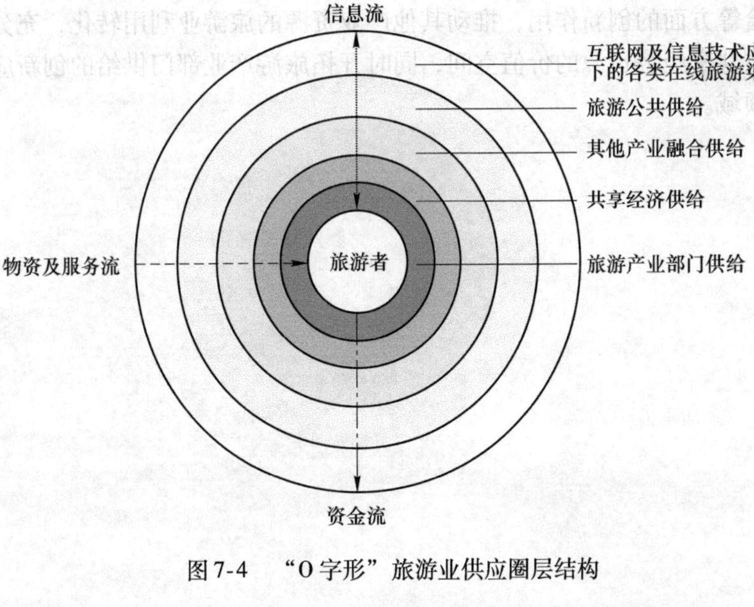

图7-4 “O字形”旅游业供应圈层结构

7.4 旅游业供应链的管理策略

第一，明确全域旅游管理理念，充分发挥互联网及信息技术的优势，拓展创新各类在线旅游渠道，切实联通整体旅游供应链圈层系统；推动公共供给的供应链战略协调发展；促进其他产业与旅游业的融合发展，丰富旅游市场供给；大力发挥共享经济供给的补充作用；增强旅游产业部门的核心地位，构建以旅游产业部门为核心的主体节点群，引导整体旅游业供应链系统的发展方向，形成旅游者需求为核心的向心力和凝聚力。

第二，完善在线旅游渠道的联通和运行机制，实现信息流的双向畅通，充分发挥各类系统信息的价值和作用，促进供给和需求的有效对接，实现旅游业供应链的及时响应、敏捷反应和灵活适应。

第三，健全并不断完善旅游业供应链的宏观政策环境，明确各圈层结构的发展空间和功能范围，指引各圈层结构发展方向和路径，规范发展行为和市场秩序。

第四，加强和深化互联网和信息技术的发展应用，在系统联通功能之外，充分发挥其在产业融合供给、共享经济供给、旅游产业部门供给等方面的创新作用，推动其他产业资源的旅游业利用转化，充分释放共享经济资源的价值空间，同时开拓旅游产业部门供给的创新应用领域。

附 录

附录 1

国家旅游局关于促进智慧旅游发展的指导意见[1]

各省、自治区、直辖市，新疆生产建设兵团旅游委（局）：

智慧旅游是运用新一代信息网络技术和装备，充分准确及时感知和使用各类旅游信息，从而实现旅游服务、旅游管理、旅游营销、旅游体验的智能化，促进旅游业态向综合性和融合型转型提升，是游客市场需求与现代信息技术驱动旅游业创新发展的新动力和新趋势，是全面提升旅游业发展水平、促进旅游业转型升级、提高旅游满意度的重要抓手，对于把旅游业建设成为人民群众更加满意的现代化服务业，具有十分重要的意义。为引导和推动我国智慧旅游持续健康发展，现提出如下意见：

一、总体要求

（一）指导思想。

深入贯彻实施《中华人民共和国旅游法》和《国务院关于促进旅游业改革发展的若干意见》（国发〔2014〕31 号），以满足旅游者现代信息需求为基础，以提高旅游便利化水平和产业运行效率为目标，以实现旅游服务、管理、营销、体验智能化为主要途径，加强顶层设计，完善技术标准，整合信息资源，建立健全市场化发展机制，鼓励引导模式业态创新，有序推进智慧旅游持续健康发展，不断提升我国旅游信息化发展水平。

（二）基本原则。

坚持政府引导与市场主体相结合。政府着力加强规划指导和政策

[1] 资料来源：中华人民共和国国家旅游局官网。

引导，推进智慧旅游公共服务体系建设；企业在政府规划、政策和行业标准引导下，以市场需求为导向，开发适应游客需求的产品和服务。防止政府大包大揽和不必要的行政干预。

坚持统筹协调与上下联动相结合。着眼于中国旅游业发展的整体和长远需要，着力加强信息互联互通，有效规避信息孤岛化、碎片化。在确保信息资源可共享的基础上，各地可结合实际需求，先行先试，创新智慧旅游服务管理手段。

坚持问题导向与循序渐进相结合。要突出为民、便民、惠民的基本导向，防止重建设、轻实效，使游客充分享受智慧旅游发展的成果。要充分认识智慧旅游建设的系统性和复杂性，通过成熟的技术手段，从最迫切最紧要问题入手，做深做透，循序渐进。

（三）发展目标。

到 2016 年，建设一批智慧旅游景区、智慧旅游企业和智慧旅游城市，建成国家智慧旅游公共服务网络和平台（12301. cn）。到 2020 年，我国智慧旅游服务能力明显提升，智慧管理能力持续增强，大数据挖掘和智慧营销能力明显提高，移动电子商务、旅游大数据系统分析、人工智能技术等在旅游业应用更加广泛，培育若干实力雄厚的以智慧旅游为主营业务的企业，形成系统化的智慧旅游价值链网络。

二、主要任务

（四）夯实智慧旅游发展信息化基础。加快旅游集散地、机场、车站、景区、宾馆饭店、乡村旅游扶贫村等重点涉旅场所的无线上网环境建设，提升旅游城市公共信息服务能力。

（五）建立完善旅游信息基础数据平台。规范数据采集及交换方式，逐步实现统一规则采集旅游信息，统一标准存储旅游信息，统一技术规范交换旅游信息，实现旅游信息数据向各级旅游部门、旅游企业、电子商务平台开放，保证旅游信息数据的准确性、及时性和开放性。

（六）建立游客信息服务体系。充分发挥国家智慧旅游公共服务平台和 12301 旅游咨询服务热线的作用，建设统一受理、分级处理的旅游投诉平台。建立健全信息查询、旅游投诉和旅游救援等方面信息化服务体系。大力开发运用基于移动通信终端的旅游应用软件，提供无缝化、即时化、精确化、互动化的旅游信息服务。积极培育集合旅游相关服务产品的电子商务平台，切实提高服务效率和用户体验。积极鼓励多元化投资渠道参与投融资，参与旅游公共信息服务平台建设。

（七）建立智慧旅游管理体系。建立健全国家、省、市旅游应急指挥平台，提升旅游应急服务水平。完善在线行政审批系统、产业统计分析系统、旅游安全监管系统、旅游投诉管理系统，建立使用规范、协调顺畅、公开透明、运行高效的旅游行政管理机制。

（八）构建智慧旅游营销体系。依据旅游大数据挖掘，建立智慧旅游营销系统，拓展新的旅游营销方式，开展针对性强的旅游营销。逐步建立广播、电视、短信、多媒体等传统渠道和移动互联网、微博、微信等新媒体渠道相结合的全媒体信息传播机制。结合乡村旅游特点，大力发展智慧乡村游，鼓励有条件的地区建设乡村旅游公共营销平台。

（九）推动智慧旅游产业发展。建立智慧旅游示范项目数据库，鼓励旅游企业利用终端数据进行创业，支持智慧城市解决方案提供商以及云计算、物联网、移动互联网应用项目进入旅游业，鼓励有条件的地区建立智慧旅游产业园区。

（十）加强示范标准建设。支持国家智慧旅游试点城市、智慧景区和智慧企业建设，鼓励标准统一、网络互连、数据共享的发展模式。鼓励有条件的地方及企业先行编制相关标准并择优加以推广应用。逐步将智慧旅游景区、饭店等企业建设水平纳入各类评级评星的评定标准。

（十一）加快创新融合发展。各地旅游部门要加强与通信运营商、电子商务机构、专业服务商、高校和科研机构开展合作，引导相关部门和企业通过技术输出、资金投入、服务外包、资源共享等方式参与智慧旅游建设。探索建立政产学研金相结合的智慧旅游产业化推进模式。

（十二）建立景区门票预约制度。鼓励博物馆、科技馆、旅游景区运用智慧旅游手段，建立门票预约制度、景区拥挤程度预测机制和旅游舒适度的评价机制，建立游客实时评价的旅游景区动态评价机制。

（十三）推进数据开放共享。加快改变旅游信息数据逐级上报的传统模式，推动旅游部门和企业间的数据实时共享。各级旅游部门要开放有关旅游行业发展数据，建立开放平台，定期发布相关数据，并接受游客、企业和有关方面对于旅游服务质量的信息反馈。鼓励互联网企业、OTA企业与政府部门之间采取数据互换的方式进行数据共享。鼓励旅游企业、航空公司、相关企业的数据实现实时共享，鼓励景区将视频监控数据与国家智慧旅游公共服务平台实现共享。

三、保障措施

（十四）加强组织领导。各级旅游部门要加强领导，积极稳步推进智慧旅游建设。国家旅游局智慧旅游工作领导小组负责智慧旅游建设的总体指导和监督实施，指导有关技术标准规范制订。各地应结合实际建立智慧旅游建设推进小组，统筹协调本地区智慧旅游基础建设、标准制定、技术应用和推广。鼓励有条件的地方建立智慧旅游协同创新中心、产业孵化中心、公共服务运营中心、人才服务中心。

（十五）加强规划指导。各地要根据实际需要加快制定本地区智慧旅游发展规划、年度计划和工作方案，统筹部署，循序渐进。智慧旅游发展规划要与智慧城市建设规划相结合，利用智慧城市建设发展提供的通信、交通、安全保障、信息交换等基础环境，提高相关工作的协同性。

（十六）强化队伍建设。建立智慧旅游人才培养体系，鼓励民营资本投入智慧旅游职业教育领域，为我国智慧旅游发展提供人才保障。积极开展智慧旅游专业培训，鼓励开展多样化的智慧旅游交流活动。

（十七）加大资金投入。各地旅游部门要加大对智慧旅游的投入力度，保障公益性智慧旅游服务项目建设，支持重点项目建设。积极拓宽融资渠道，鼓励各类投资主体多方面投入智慧旅游发展。

（十八）加强综合评估。各地旅游部门应建立智慧旅游工作目标责任制，将智慧旅游建设工作纳入旅游部门年度考评目标。积极引入第三方评价机制，对智慧旅游项目和成果进行投入、产出、综合效益、推广价值等方面的综合评价，在综合评估基础上不断加以提升改进。

国家旅游局

2015年1月10日

附录 2

“十三五”全国旅游信息化规划[1]

为认真贯彻《“十三五”旅游业发展规划》，加快全国旅游信息化发展，制定本规划。

第一章　形势与要求

一、面临形势

“十三五”时期是实现全面建成小康社会的决胜阶段，也是我国从粗放型旅游大国向比较集约型旅游大国发展的关键时期，旅游信息化面临重大发展机遇。

（一）信息化已成为经济社会发展的显著特征。信息化代表了新的生产力和发展方向，“没有信息化就没有现代化”。当今世界，信息技术日新月异，信息化浪潮风起云涌。全球信息化已进入全面渗透、跨界融合、加速创新、引领发展的新阶段，正在深刻改变着人们的生产生活方式。近年来，我国信息化产业体系已逐步完善，信息技术应用不断深化，“互联网＋”异军突起，经济社会数字化、网络化转型步伐不断加快，信息化在现代化建设全局中的引领作用日益凸显。

（二）我国旅游业将迎来新一轮黄金发展期。改革开放以来，我国旅游业全面融入国家战略体系，走向国民经济建设的前沿，成为国民经济战略性支柱产业。“十三五”期间，我国旅游业面临重大发展机遇，将呈现消费大众化、需求品质化、发展全域化、产业现代化、竞争国际化的发展趋势。旅游业发展对信息化有了新的需求，需要用信息技术推进旅游生产方式、管理模式、营销模式和消费形态的转变，全面提升产业质量效益和核心竞争力，实现旅游经济稳步增长、综合效益显著提升、人民群众更加满意、国际影响力大幅提升的目标。

（三）旅游信息化加快发展的基础已经形成。近年来，特别是旅

[1] 资料来源：中华人民共和国国家发展和改革委员会官网。

游“515”战略实施以来，我国旅游信息化取得长足进展，旅游信息化管理初见成效，旅游公共信息服务设施建设取得阶段性成果，旅游在线市场初具规模，全覆盖式旅游宣传营销格局基本形成，旅游电子政务稳步推进，旅游信息化对旅游业支撑保障作用明显增强，为“十三五”时期旅游信息化加快发展奠定了良好的基础。

二、发展要求

加快旅游信息化发展，既是适应信息化时代的必然选择，也是全域旅游发展的客观要求，更是满足游客需求的内在要求。

（一）推进全域旅游发展的客观要求。目前我国正从景点旅游模式向全域旅游模式转变。需要发挥旅游信息化覆盖面广、渗透性强、带动作用明显的优势，从综合机制建设、公共服务供给、产业融合发展、区域整体营销等方面发力施力，创新旅游发展理念、变革旅游发展模式、转变旅游发展路径、扩大旅游发展格局、升华旅游发展品质。

（二）满足游客需求的内在要求。我国已进入大众旅游新时代，到2020年，预计旅游市场总规模将达到67亿人次。旅游消费呈现大众化与家庭化、个性化与多样化、散客化与自助化、休闲化与体验化、品质化与中高端化等特征。只有依靠现代信息技术创新旅游产品，转变旅游服务模式，提升旅游服务质量，才能不断满足游客日益增长的个性化需求。

（三）推动旅游业转型升级的关键动力。根据旅游“三步走战略”，当前，我国旅游业正从粗放型旅游大国向比较集约型旅游大国发展，正处于速度换挡、结构优化、动力转换的关键节点。从供给侧看，推动信息化与旅游的深度融合，有利于提高全要素生产率，优化供给质量和效率，更好地满足广大游客需求。从需求侧看，推动信息化与旅游的融合发展，将创新生产和消费模式，促进游客深度参与，激发游客新的需求。

（四）应对新一轮科技革命的必然选择。当前，移动互联网、云计算、大数据、物联网等信息技术与生物技术、新能源技术、新材料技术等交叉融合，正在引发以绿色、智能、泛在为特征的群体性技术突破，深刻改变着人们的生产生活方式。科技革命带来的先进理念和先进技术，有助于驱动旅游业全面创新，有助于改善旅游产品和服务，也为旅游业的发展提供了新的机遇和空间。

三、问题与挑战

目前，我国旅游信息化还存在着一些问题与挑战，主要有：一是对旅游信息化的认识还存在一定偏差。部分地区对推进旅游信息化的重要性、紧迫性的认识还需要进一步提高。二是旅游信息化的有效供给普遍不足，地区发展不平衡问题较为突出，中西部地区、农村地区和贫困地区信息基础设施建设滞后。三是信息技术在部分旅游要素中的应用水平不高。整体上看，实际应用落后于客观需求，信息技术的潜能在旅游业中尚未得到充分挖掘。四是旅游信息化体制机制掣肘。旅游信息化供给过多依赖政府单一主体，部门之间信息交换尚不顺畅，投融资机制还不健全，长效管理体制没有形成。各地不同程度地出现重复建设、数据信息“孤岛”等现象。五是旅游信息化标准体系有待完善。部门之间、地区之间标准未完全统一，影响了旅游信息数据采集、编码、存储、共享和交换。

为此，必须认清形势，抓住机遇，开拓创新，着力增强旅游信息化发展能力，着力提高旅游信息化应用水平，着力优化旅游信息化发展环境，在新的历史起点上开创我国旅游信息化发展的新局面。

第二章 主攻方向

一、发展目标

到2020年，旅游“云、网、端”基础设施建设逐步完善，信息新技术的行业创新应用不断深化，旅游数字化、网络化、智能化取得明显进展，旅游公共信息服务水平显著提高，旅游在线营销能力全面发展，行业监管能力进一步增强，旅游电子政务支撑行业治理现代化坚实有力，信息化引领旅游业转型升级取得明显成效。将力争实现四大目标：

（一）信息服务集成化。建立旅游公共信息服务平台，面向游客提供旅游公共信息查询、导游导览、旅游产品预订、旅游投诉与处理等功能为一体的在线服务，实现旅游公共信息服务的在线化、一体化、集成化。

（二）市场营销精准化。鼓励旅游目的地、旅游企业利用互联网、社交媒体、第三方平台等多渠道采集客源市场数据，开展有针对性的市场营销，实现市场营销精准化和产品与服务个性化推荐，提高市场营销的效能。

（三）产业运行数据化。全面推进旅游企业的信息化建设，重点引导企业加强对业务流程的全数据化管理，强化政府与企业、企业与企业之间的数据对接，加强数据资源的分析与利用，提升旅游信息化应用水平。

（四）行业管理智能化。充分利用绿色、智能、泛在为特征的信息技术加强旅游行业管理，提高旅游管理的科学化和智能化水平。加强旅游电子政务体系建设，积极推动政府相关部门数据资源开放和共享，建立旅游政务信息资源共享目录，实现政务资源的共享和协同，全面提高行业管理效能。

到2020年，努力实现以下具体化和量化指标：

——4A级以上旅游景区实现免费WiFi、智能导游、电子讲解、在线预订、信息推送等全覆盖；

——旅游大巴、旅游船和4A级以上旅游景区的人流集中区、环境敏感区、旅游危险区，实现视频监控、人流监控、位置监控、环境监测等设施的合理设置；

——在线旅游投资占全国旅游直接投资的15%以上；在线旅游消费支出占旅游消费支出的20%以上。

二、主攻方向

“十三五”时期，加快推进新一代信息技术在旅游业中的应用，不断创新旅游新模式，扩大旅游新供给、拓展旅游新领域、打造旅游新引擎，着力在满足游客需求、提升旅游品质、引领全面创新上取得突破，为旅游业转型升级、提质增效提供动力支撑。

（一）推进移动互联网应用，打造新引擎。一是推进移动信息服务应用。开发旅游咨询网站、手机报、APP、微信公众号、微视频、社区等，为游客提供旅游信息查询、交流互动等服务。二是推进移动位置服务应用。开发基于位置服务（LBS）的软件、程序，为游客提供查询位置、路线、交通、酒店、餐饮等服务。三是推进虚拟导游服务应用。开发景点景区文字介绍、图像资料和语音解说等方面的程序和软件，为游客提供虚拟导游服务。四是推进移动电子商务应用。利用智能手机、平板电脑等，进行机票、酒店和景区门票等预订和线上支付。

（二）推进物联网技术应用，扩大新供给。一是利用 GPS（全球定位系统）、RFID（射频识别）等技术进行监测，实现从景区停车场、门禁系统到观景点、旅游餐饮、旅游购物场所的人员和物料的全过程管理。二是通过红外感应器进行数量和特征识别，用于应急状态下对景区游客聚集区域的人流、车流进行疏散。三是推进近距离无线通信（NFC）应用。将手机等设备进行方便快捷的无线连接，实现旅游信息数据交换和服务。

（三）推进旅游电子支付运用，增加新手段。一是推进银行、支付平台等与旅游的融合，实现银行信用卡、交通一卡通、各种支付卡等在智能手机、平板电脑上多卡合一，绑定支付。二是推进智能手机在机场登机验证、酒店入住登记、景区门禁系统和酒店客房钥匙等方面的应用。三是完善中国旅游卡及地方旅游卡的服务功能，通过给予各种优惠刷卡费率、提供多种优质金融服务等手段吸引旅游服务机构、消费场所为游客刷卡消费提供便利服务。

（四）推进可穿戴技术应用，提升新体验。一是推进智能眼镜、智能手表、智能手环等可穿戴设备在信息查询、定位导航、随行翻译、电子导游等方面的应用。二是推进可穿戴设备在跟踪游客旅游过程的应用，记录旅游时间、旅游距离、步行速度等，提升游客旅行体验。三是推进可穿戴技术在监测游客身体健康状态方面的应用，跟踪监测游客脉搏、血压等健康指标，帮助游客健康出行。

（五）推动北斗系统应用，拓展新领域。一是推动北斗系统位置服务（LBS）应用。对旅游车、旅游船进行实时监测和定位，也可为游客自驾或徒步提供定位导航服务。二是推动北斗系统在景区电子导览与解说、电子地图方面的应用。三是推动北斗系统在山岳型、高原型、滨海型等旅游景区的紧急救援中的应用，包括导航定位、通讯通话、足迹跟踪、危险预警、事故报警及事故救援服务等。

（六）推动人工智能应用，培育新业态。一是利用智能机器人对语言和图像的理解，推动在导游导览、景点解说、信息咨询等方面的应用。二是利用智能搜索和控制技术，推动人工智能在旅游危险领域、事故现场作业等方面应用。三是利用自动程序设计，推进景区无人驾驶汽车、游艇等方面的应用。四是利用人脸识别、指纹识别、虹膜识别等技术改进用户体验，如通过辨别游客浏览网页时的情绪变化，帮助改进行程预订体验等。

（七）推动计算机仿真技术应用，增强新功能。一是推动 VR（虚拟现实）、AR（增强现实）等仿真技术在导游导览上的应用，增强游客的沉浸式感官体验。二是推动 VR、AR 技术在景点景区无法复原遗址上的情景再现应用，丰富景点景区旅游产品内涵。三是推动 VR、AR 技术在主题公园、博物馆等场所的应用，在旅游科普教育、游戏娱乐等方面提升表现力。

（八）推动社交网络应用，构建新空间。一是推动开发旅游社交软件和社交网站，为游客之间交流、制订旅游计划、评价旅游产品和服务、增进相互感情提供平台。二是推动社交网络为游客满意度调查和游客投诉等行业管理提供数据支持。三是推动社交网络通过动态广告创意的方式开展网络营销，提升营销效果。

（九）推进旅游大数据运用，引领新驱动。一是运用大数据对游客数量、结构特征、兴趣爱好、消费习惯等信息进行收集分析，为旅游市场细分、精准营销、旅游战略制定提供依据。二是运用大数据对旅游消费信用等信息进行收集分析，加强对旅游市场主体的服务和监管。三是运用大数据对游客信息进行关联分析，进一步优化旅游公共服务资源配置。四是运用大数据对旅游景区信息关联分析，为景区流量控制及安全预警提供数据支持。

（十）推进旅游云计算运用，夯实新基础。一是推动建设旅游云平台，为旅游部门和相关企业提供 IaaS（基础架构即服务）、PaaS（平台即服务）、SaaS（软件即服务）的产品和服务。二是推动云计算在旅游信息存储、处理、分析等方面的广泛应用，帮助游客获取旅游信息，制定旅行计划，订购旅游产品等。三是推动云计算在旅游行业创新管理方法、简化工作流程、提高工作效率、节约管理成本等方面的应用。

第三章　重点工程

一、全国/全球全域旅游全息信息系统工程

利用云计算、大数据、遥感技术（遥感影像、无人机航测、倾斜摄影等）、地理信息技术（空间分析、制图技术、空间展示等）等技术进行旅游信息管理和服务，建设完善基础数据管理、旅游信息分析、预测与预警、应急管理、旅游资源管理、虚拟场景旅游、旅游气象 APP、游客体验 APP 等功能，展示现实的旅游场景、虚拟场景和历史地理文化，为游客提供全域全时的旅游信息服务，并为旅游管理部门、旅游企业提供全域全时的信息管理服务。

专栏1　全国/全球全域旅游全息信息系统工程

（一）全国全域旅游全息系统。以提供国内旅游信息服务为主的系统，系统功能完善、运行畅通、机制健全。

（二）全球全域旅游全息系统。在全国全域旅游信息系统的基础上，进一步拓展信息服务范围，覆盖到全球主要目的地国家和地区，形成“全覆盖、全信息、全服务”的旅游信息服务格局。

二、民宿客栈信息化工程

加快推进建设无线网络、4G 移动通信网络、视频监控等信息化基础设施，提供广泛覆盖、免费开放的 WiFi 接入服务。建立健全乡村民宿客栈信息化平台，完善实时推介、线上预订、数据采集、统计分析等功能，综合利用自媒体、网络、第三方平台等多种信息化手段，对民宿客栈进行宣传推广，扩大民宿客栈品牌影响力；推动民宿客栈打造在线展示、预订和交易功能，提供位置服务（LBS）和游客订制服务（UGC），鼓励民宿客栈利用信息化手段建设客人信息管理系统、电视门禁系统、智能控制一卡通系统、室内 SOS 呼救系统、可视监控系统等，全面推进民宿客栈运营及管理的智能化、现代化。

专栏2　民宿客栈信息化工程

（一）民宿客栈信息化基础设施工程。全面建成第四代移动通信

(4G)网络，提供广泛覆盖、免费开放的WiFi接入服务。
(二)民宿客栈信息化平台。打造在线展示、在线咨询、预订和交易功能的平台，实现信息咨询、网络预订、网络营销、网上支付等服务全覆盖。
(三)民宿客栈信息化应用工程。建设完善信息管理系统、电视门禁系统、智能控制一卡通系统、室内SOS呼救系统、可视监控系统等。

三、旅游电子商务平台工程

推动建设一批旅游电子商务平台，鼓励多种类型发展，不断丰富平台信息，提升旅游产品在线预订、交易支付水平。推进旅游电子商务系统与金融系统的对接，推动网上支付、电话支付和移动支付等新兴支付工具在旅游市场的应用。逐步建立电子合同、网上产品与旅游服务信息的监测体系，加强对旅游在线业务的监督和风险控制。推进在线旅游企业信用信息服务平台建设，建立旅游企业信用评估标准，引导市场消费。建立健全旅游电子商务安全法规，加强对网络信息服务、网络交易行为、产品及服务质量等的监管。督促交易平台建立数据保全机制、消费者个人信息安全保密机制等。

专栏3 旅游电子商务平台工程

(一)旅游电子商务平台。建设综合性旅游电子商务网站、专业旅游电子商务网站、传统旅游企业创办的网站、团购网站和综合性电商开辟的旅游电商板块等。
(二)旅游电子商务信用工程。推进旅游电子商务信用体系建设，建立信用评估标准，引导市场消费。
(三)旅游电子商务安全工程。制定旅游电子商务安全法规，落实企业安全主体责任，建立数据保全机制、消费者个人信息安全保密机制等。

四、旅游网络营销平台工程

加快中国旅游海外推广网站建设步伐，建设面向主要海外客源地的多语种网站，增进与客源地媒体、旅游分销渠道的在线营销合作，利用微信、微博、客户端等新兴媒体构建多角度旅游营销平台，开展有针对性的推广营销，将旅游产品、线路和促销活动及时准确地传播给海外游客，扩大中国旅游目的地知名度和美誉度。

专栏4 旅游网络营销平台工程

（一）中国旅游海外推广网站。面向主要海外客源地开展旅游市场营销，提供多语种服务。

（二）旅游精准营销创新机制。利用移动互联网、微信、微博等新媒体渠道开展市场精准营销。

五、“12301”国家智慧旅游公共服务平台提升工程

优化提升“12301”国家智慧旅游公共服务平台，完善旅游公共信息咨询平台、旅游产业运行监管平台、景区门票预约与客流预警平台、国家旅游大数据集成平台、国家旅游应急指挥平台、多语种旅游推广营销平台等，优化旅游公共服务、产业运行监管、旅游预警、形象推广等功能，为政府监管和企业经营、游客服务提供支持和服务。

专栏5 “12301”国家智慧旅游公共服务平台工程

（一）数据对接工程。实现与各省级旅游公共服务平台的数据对接，与重点旅游景区、宾馆饭店的数据对接；实现与交通、卫生、公安、气象等部门的数据对接；实现与相关互联网企业、通讯运营商的数据对接，获取各方面相关信息。

（二）功能提升工程。完善提升信息服务、电话咨询、游客投诉、行业管理、应急救援、视频会议等服务和监管功能。

六、旅游行业监管综合平台提升工程

建立完善全国旅游团队服务管理系统、全国导游公共服务监管平台、旅游质检执法平台、旅游住宿标准化管理信息系统、旅行社网上审批系统、中国旅游志愿者服务管理信息平台、中国旅游征信网等。建设和优化旅游行业管理信息平台的功能和架构，形成全国数据统

一、分级授权管理的信息系统架构，实现旅游行业管理的信息化和精细化，提升对旅游市场主体的服务和监管能力。引导各省区市、重点旅游城市等借助大数据计算与分析等手段，开发旅游舆情和旅游满意度分析系统，实时采集各渠道游客评价、意见，方便、快捷掌握游客诉求以及旅游热点事件，提升旅游管理精细化水平。

专栏6 旅游行业监管综合平台提升工程

（一）监管综合平台。建立完善全国旅游团队服务管理系统、全国导游公共服务监管平台、旅游质监执法平台、旅游住宿业标准化管理信息系统、旅行社网上审批系统、中国旅游志愿者服务管理信息平台、中国旅游征信网等。

（二）旅游团队服务管理系统提升工程。完善提升各平台功能，实现游客信息电子化管理和全国联网查询；实现游客评价、意见、诉求及时反馈。

七、旅游应急指挥体系提升工程

建立健全覆盖主要旅游目的地、重点旅游景区、宾馆饭店等场所的实时数据和影像采集系统，实现对景点景区、宾馆饭店、旅游集散地、旅游线路或区域的突发事件、客流预测预警等指挥调控功能。建立数据共享机制，打破信息孤岛，推动与安监、外交、公安、交通运输、质检、食药监、气象、地震等部门进行数据对接。实现与各级旅游应急指挥中心的信息共享、协同联动，全面提高旅游安全监控和应急指挥能力。

专栏7 旅游应急指挥体系提升工程

（一）国家旅游应急指挥平台。优化完善数据采集、图像接入、信息接发、日常监控、应急预案管理、应急处置与指挥功能。

（二）地方旅游应急指挥平台。加快建设各级旅游部门应急指挥平台，并与主要旅游企业实现数据对接；推动完成4A级以上景区数据全部接入国家旅游应急指挥平台。

（三）信息共享工程。推动与安监、外交、公安、交通运输、质检、食药监、气象、地震等部门进行数据对接，实现应急指挥平台互联互通、信息共享。

八、旅游信息化标准体系提升工程

建立涵盖旅游网站、旅游咨询中心、旅游服务热线及吃住行游购娱等旅游服务业态的旅游信息化标准体系。加快制定涉及旅游信息资源的各类国家标准、行业标准、地方标准与企业标准，推进相互衔接、彼此互补。选择部分条件相对成熟、资源相对丰富的省区市、旅游目的地和相关企业开展旅游信息资源标准试点工作，总结旅游信息资源标准的建设经验，加大试点工作的宣传和推广力度，发挥试点工作的示范效应。

专栏8 旅游信息化标准体系提升工程

（一）旅游信息化标准管理平台。为旅游信息化标准的申报、立项、审查、报批和试点、验收等服务及管理提供支撑。

（二）旅游信息化标准示范工程。通过旅游信息化标准试点工作，推出一批示范单位和示范企业。

九、国家旅游基础数据库提升工程

优化提升国家旅游基础数据库，丰富数据采集的渠道，规范数据采集的标准，提高数据采集的时效性。建立完善国家与地方、相关部门之间、政府与企业之间、旅游与其他产业之间的数据共享机制。加快构建国家、省、市、区（县）四级旅游数据中心体系，支持在华东、华北、西南、西北选择城市建设国家旅游大数据中心。

专栏9 国家旅游基础数据库提升工程

（一）旅游基础数据库体系完善工程。建立健全旅游统计年鉴数据库、旅游企业直报数据库、国内旅游抽样调查基础数据库、入境花费调查基础数据库、旅游产业基础数据库等。

（二）旅游基础数据库采集共享工程。建立健全行业数据采集共享平台，制定统一的数据采集汇总、共享交换的标准，实现政府数据、企业数据和社会数据的采集、汇总、处理和共享。

第四章 优先行动

一、旅游公共信息服务建设优先行动

行动目标：到 2018 年，初步建成一批旅游综合信息服务平台、旅游信息服务设施，基本满足游客对信息服务的需求。到 2020 年，全面创新旅游信息服务方式，构筑起立体化、全方位、广覆盖的旅游信息服务体系，为广大游客提供全面、准确、及时的公共信息服务。

行动内容：一是建立旅游综合信息服务平台。推进“12301”国家智慧旅游公共服务平台建设，加快建立中国旅游资讯网，推动地方完善旅游咨询网站，整合旅游服务热线、多媒体信息查询终端等，形成统一开放的旅游公共信息发布、咨询平台和旅游投诉平台，提供信息查询、投诉受理和产品推介服务。二是开发一批旅游信息服务设备和软件。指导各地推进旅游目的地及其景区景点、宾馆饭店等开设旅游官方微博、微信、手机 APP 等信息服务应用，拓展旅游信息发布渠道，扩大旅游信息服务覆盖范围；引导推动旅游咨询中心、旅游集散中心、旅游服务中心等场所为游客免费提供触摸屏、移动客户端等信息服务终端。

二、旅游网络营销建设优先行动

行动目标：到 2018 年，初步建成旅游网络营销平台体系，旅游资讯网站功能进一步优化，网络营销方式更加多样，网络营销成效明显增强。到 2020 年，全面建成覆盖旅游目的地、景点景区、宾馆饭店完善的营销体系，实现市场精准营销和游客定制服务目标。

行动内容：一是建立旅游目的地营销系统。创新旅游网络营销模式，利用新媒体技术，建立互联网、微博微信、搜索引擎、智能客户端等营销推广体系，搭建旅游形象推广平台，整合信息资源，打造跨区域、跨平台、跨终端立体化营销体系。二是创新在线营销方式。鼓励旅游目的地与在线旅游商、电信运营商、搜索引擎、门户网站、旅游网站等合作，拓宽景区、酒店在线分销渠道，鼓励利用移动社交、新媒体等渠道，发展社交电商、网络口碑传播、“粉丝”经济等网络营销新模式。三是构建精准营销体系。利用旅游大数据挖掘分析，提高旅游市场营销精准性和转化率。重点依托移动互联网、物联网等信息技术，扩大旅游数据获取来源，充分利用旅游网站、微博、微信等新媒体，搜集市场数据，强化与电信运营商、在线旅行社、搜索引擎等平台合作，建立游客基础数据库；创新旅游市场大数据分析，开展市场分析、监测和预测，挖掘游客兴趣点、关注度、消费行为、满意度、出游趋势等，为旅游市场精准营销、定制旅游服务提供基础支撑。

三、旅游电子商务建设优先行动

行动目标：到2018年，建成旅游电子商务平台，网络预订和交易快速发展，信息化业态建设加快推进，电商扶贫行动取得重大进展。到2020年，旅游电子商务体系健全、应用充分，旅游信息化业态齐全，电商扶贫行动全面完成。

行动内容：一是建设旅游电子商务平台。全面整合综合性旅游电子商务网站、专业旅游电子商务网站、传统旅游企业创办的网站、团购网站和综合性电商开辟的旅游电商板块等，引导旅游企业加强与电子商务平台服务商合作，为游客提供全面、及时、准确的信息咨询、业务查询、门票预售、机票酒店预订、投诉和个性化服务等。二是推动旅游企业提升电子商务水平。鼓励企业利用互联网平台，整合各类资源、要素、技术和产品，提供创新在线旅游服务，推动在线旅游众筹、众包、个性化定制等多种服务模式发展。建立在线旅游支付平台，促进旅游预约服务、预约消费和在线支付业务发展。三是推进旅游信息化业态建设。鼓励企业积极培育在线车辆租赁、在线度假租赁、民宿预订等旅游新业态，重点推动景区提供电子门票、智能导游、电子讲解、在线预订、信息推送等服务；推动饭店实现自助入住和退房、客房多媒体自助服务、饭店智能客房控制、客房全网销售共享等功能；推动旅行社推广使用EPR管理系统（“企业资源计划”）。四是开展电商扶贫行动。依托现有全国乡村旅游电商平台，发展“互联网+旅游”扶贫，推进网上“乡村旅游后备箱工程”“一村一品”产业建设专项行动。鼓励旅游电商企业面向贫困地区推动特色农产品网上定制销售，推荐贫困户农家乐住宿、旅游商品和特色工艺品等，实现对贫困人群的精准扶持。组织知名旅游电商平台为贫困地区开设扶贫频道，建立贫困地区名优产品网络博览会等。

四、旅游电子政务建设优先行动

行动目标：到2018年，旅游政务办公系统、行业管理信息系统和视频会议系统基本建成，政务公开、办事指南逐步完善。到2020年，旅游电子政务系统全面优化，行业管理水平和办公自动化水平全面提升。

行动内容：一是推进完善旅游政务办公系统。完善各级各地旅游电子政务网建设，构建方便快捷、公平普惠、优质高效的政务服务信息体系，推动各部门业务系统互通对接，完善旅游政务信息资源的开发与利用；推进各级旅游管理部门办公自动化建设，实现公文流转处理电子化和网络化，优化政府办公流程，提高办公效率。二是进一步完善旅游行业管理信息平台。完善旅行社、饭店、景区、导游四大类行业管理系统，形成全国数据统一、分级授权管理的信息系统架构；推进旅游资源数据普查、旅游厕所信息管理、产业运行监测及应急指挥等平台建设。三是推进视频会议设施建设。推动国家、省（自治区、直辖市）和重点旅游城市等旅游部门依托应急指挥平台建立完善视频会议系统，采用专线或公网模式，保障会议、应急会商的通讯畅通。四是推动各地旅游部门建立和完善网络安全管理制度、涉密信息管理制度、互联网信息发布管理制度等，加强对旅游从业人员的信息安全培训，提高信息安全意识和安全防范水平。

第五章 保障措施

一、加强组织领导

一是健全领导机构。各地要建立旅游信息化领导小组，坚持统一领导、统筹推进，研究解决本地区旅游信息化发展中的重大问题。二是加快工作推进落实。各地要按照职责制定实施方案，细化任务分工，明确推进时限，逐一落实到位。三是强化工作考评。各地要组织开展规划实施年度检查与绩效评估，将旅游信息化作为重要内容纳入旅游工作考核范畴。

二、加强资金与政策保障

一是强化各级财政资金的引导作用，加大对旅游信息化基础性平台建设的投入力度。积极争取国家创新基金等政策性基金，扶持具有前瞻性、公共性、示范性和创新性的旅游信息化项目。二是为旅游信息化项目的投融资、股票上市提供政策性便利和指引，鼓励各地采用PPP模式，引导社会资金投向旅游信息化项目。三是完善旅游信息化法律法规，制定出台旅游信息化管理办法，完善依法监管制度。推动现有旅游法律法规延伸适用于旅游信息化领域，完善司法解释和政策解读，填补旅游信息化监管盲区。四是制定出台促进旅游信息化发展的激励政策，支持中小微企业发展壮大，在信用担保、政府购买服务方面予以支持。五是积极开展旅游信息化试点示范。推动国家信息化相关政策在全域旅游示范区先行先试，推出旅游信息化示范基地和示范单位。

三、加强人才队伍建设

一是壮大专业人才队伍。构建高等教育、职业教育为主体，继续教育为补充的旅游信息化专业人才培养体系。实施英才培养计划，造就一批旅游信息化领军人才。二是建立人才激励机制。建立适应旅游信息化发展的人事制度、薪酬制度、人才评价机制，打破人才流动的体制界限，拓宽人才发现渠道，善用竞争性机制选拔特殊人才。三是鼓励开展旅游从业人员的信息化知识和技能培训，提升行业信息化管理水平。

四、加强交流与协作

一是建立跨行业、跨部门的旅游信息化建设和管理的交流共享机制，加强旅游部门与其他部门在数据交换、业务协同与科技成果转化等领域的信息共享与协作。二是完善旅游行业内部的信息化工作交流机制，加强各级旅游部门之间、相关行业信息化管理部门之间的交流沟通。三是探索成立旅游信息化发展联盟，充分发挥联盟的桥梁和纽带作用，加强行业协同合作，促进旅游信息化健康发展。四是与联合国世界旅游组织、世界旅行及旅游理事会、亚太旅游协会等国际组织加强旅游信息化交流与合作。

国家旅游局

2017年3月7日

参考文献

[1] 李天元. 旅游学概论 [M]. 天津：南开大学出版社，2009. 11.

[2] 马士华，林勇，等. 供应链管理（第5版）[M]. 北京：机械工业出版社，2016. 11.

[3] 王淑良，等. 中国现代旅游史 [M]. 南京：东南大学出版社，2005. 7.

[4] 王永忠. 西方旅游史 [M]. 南京：东南大学出版社，2004. 5.

[5] 韦斯特曼，邦尼特，麦卡菲. DT转型：企业互联网+行动路线图 [M]. 北京：中信出版社，2015. 10.

[6] Ahas R，Aasa A，Roose A，et al. Evaluating passive mobile positioning data for tourism surveys：An Estonian case study [J]. Tourism Management，2008，29（3）：469－486.

[7] Andersen K V，Henriksen H Z. Impact analysis of e-tourism in Bhutan [J]. Working Papers，2006.

[8] Annibal J S，Leonardo J L，Luiz F S. The tourism industry chain [C]. Proceedings of the Twelfth Annual Conference of the Production and Operations Management Society，2001，Orlando Pl.

[9] Archdale G. Computer Reservation Systems and Public Tourist Offices [J]. Tourism Management，1993，14（1）：3－14.

[10] Bastakis C，Buhalis D，Butler R. The perception of small and medium sized tourism accommodation providers on the impacts of the tour operators power in Eastern Mediterranean [J]. Tourism Management，2004，25（2）：151－170.

[11] Beamon B M. Measuring supply chain performance [J]. International journal of operations & production management，1999，19（3）：275－292.

[12] Beldona S，Morrison A M，O'Leary J. Online shopping motivations and pleasure travel products：a correspondence analysis. [J]. Tourism Management，2005，26（4）：561－570.

[13] Berne C，Garcia Gonzalez M，Mugica J. How ICT shifts the power balance of tourism distribution channels [J]. Tourism management，2012，33（1）：205－214.

[14] Buhalis D，Law R. Progress in information technology and tourism management 20 Years on and 10 Years after the Internet the state of etourism research [J]. Tourism Management，2008，29（4）：609－623.

[15] Buhalis D，Licata M C. The future eTourism intermediaries [J]. Tourism Management，2002（23）：207－220.

[16] Burgess S，Sellitto C，Cox C，et al. Trust perceptions of online travel information by different content creators：Some social and legal implications [J]. Service Industries Journa1. 2009，15（2）：162－185.

[17] Carson D. The blogosphere as a market research tool for tourism destinations：a case study of

Australia's Northern Territory [J]. J Vacat Mark. 14 (2): 111 – 119.

[18] Christy D P, Grout J R. Safeguarding supply chain relationships [J]. International Journal of Production Economics, 1994, 36 (3): 233 – 242.

[19] Duliba K A, Kauffman R J, Lucas H C. Appropriating value from computerized reservation system ownership in the airline industry [J]. Organization Science, 2001, 12 (6): 702 – 728.

[20] Fadeeva Z. Translation of sustainability ideas in tourism networks: Some roles of cross-sectoral networks in change towards sustainable development [J]. Journal of Cleaner Production, 2005, 13 (2): 175 – 189.

[21] Font X, Tapper R, Schwartz K, et al. Sustainable supply chain management in tourism [J]. Business Strategy & the Environment, 2008, 17 (4): 260 – 271.

[22] Frew A J. Information and communications technology research in the travel and tourism domain: perspective and direction [J]. Journal of Travel Research, 2000, 39 (2): 136 – 145.

[23] Frihida A, Marceau D J, Thériault M. Development of a Temporal Extension to Query Travel Behavior Time Paths Using an Object-Oriented GIS [J]. Geoinformatica, 2004, 8 (3): 211 – 235.

[24] Ghose A, Ipeirotis P G, Li B. Designing Ranking Systems for Hotels on Travel Search Engines by Mining User-Generated and Crowdsourced Content [J]. Social Science Electronic Publishing, 2012, 31 (3): 493 – 520.

[25] Hahn C K, Pinto P A, Bragg D J. Just-in-time production and purchasing [J]. Journal of Purchasing and Materials Management, 1983, 19 (3): 2 – 10.

[26] Johnson P A, Sieber R E, Magnien N, et al. Automated web harvesting to collect and analyse user-generated content for tourism [J]. Current Issues in Tourism, 2012, 15 (3): 293 – 299.

[27] Kaynak H. Implementing JIT purchasing: does the level of technical complexity in the production process make a difference? [J]. Journal of Managerial Issues, 2005: 76 – 100.

[28] Kernel P. Creating and implementing a model for sustainable development in tourism enterprises [J]. Journal of Cleaner Production, 2005, 13 (2): 151 – 164.

[29] Kim M J, Chung N, Lee C K. The effect of perceived trust on electronic commerce: Shopping online for tourism products and services in South Korea [J]. Tourism Management, 2011, 32 (2): 256 – 265.

[30] Kim W G, Dong J K. Factors affecting online hotel reservation intention between online and non-online customers [J]. International Journal of Hospitality Management, 2004, 23 (4): 381 – 395.

[31] Lafferty G, Van Fossen A. Integrating the tourism industry problems and strategies [J]. Tourism Management, 2001, 22 (1): 11 – 19.

[32] Lee H L, Billington C. Managing supply chain inventory: pitfalls and opportunities [J]. Sloan management review, 1992, 33 (3): 65.

[33] Leston J. Virtual reality: the IT perspective [J]. Computer Bulletin, 1996, 38 (3): 12-13 (2).

[34] Levary R R. Computer integrated supply chain [J]. International Journal of Materials and Product Technology, 2001, 16 (6-7): 463-483.

[35] Li L, Buhalis D. E-Commerce in China: the case of travel [J]. International Journal of Information Management, 2006, 26 (2): 153-166.

[36] Litvin S W, Goldsmith R E, Pan B. Electronic word-of-mouth in hospitality and tourism management [J]. Tourism Management, 2008, 29 (3): 458-468.

[37] Lubbe B, Louw L. The perceived value of mobile devices to passengers across the airline travel activity chain [J]. Journal of Air Transport Management, 2010, 16 (1): 12-15.

[38] Lummus R R, Vokurka R J, Alber K L. Strategic supply chain planning [J]. Production and Inventory Management Journal, 1998, 39 (3): 49.

[39] Ma J X, Buhalis D, Song H. ICTs and Internet adoption in China's tourism industry [J]. International Journal of Information Management, 2003, 23 (6): 451-467.

[40] Midler J L. A stochastic multi-period multimode transportation model [J]. Transportation Science, 1969, 3 (1): 8-29.

[41] Min H, Melachrinoudis E. Restructuring a warehouse network: Strategies and models [J]. Handbook of Industrial Engineering: Technology and Operations Management, Third Edition, 2001: 2070-2082.

[42] Morosan C, Jeong M Y. Users' perceptions of two types of hotel reservation Web sites. [J]. International Journal of Hospitality Management, 2008, 27 (2): 284-292.

[43] Munar A M, Jacobsen J K S. Motivations for sharing tourism experiences through social media [J]. Tourism Management, 2014, 43 (8): 46-54.

[44] Pang Y, Hao Q, Yuan Y, et al. Summarizing tourist destinations by mining user-generated travelogues and photos [J]. Computer Vision & Image Understanding, 2011, 115 (3): 352-363.

[45] Park D, Lee J, Han I. The effect of on-line consumer reviews on consumer purchase intention: the moderating role of involvement [J]. International Journal of Electronic Commerce, 2007, 11 (4), 125-148.

[46] Pearce D G. Supplier selection in the New Zealand inbound tourism industry [J]. Journal of Travel & Tourism Marketing, 2007, 23 (1) : 57-69.

[47] Peterson R A, Merino M C. Consumer information search behavior and the Internet [J]. Psychology and Marketing. 2003, 20 (2): 99-121.

[48] Petrovic D, Roy R, Petrovic R. Modeling and simulation of a supply chain in an uncertain environment [J]. European journal of operational research, 1998, 109 (2): 299-309.

[49] Romero I, Tejada P. A multi-level approach to the study of production chains in the tourism sector [J]. Tourism Management, 2011, 32 (2): 297 - 306.

[50] Schwartz K, Tapper R, Font X. A Sustainable Supply Chain Management Framework for Tour Operator [J]. Journal of Sustainable Tourism, 2008, 16 (3): 298 - 314.

[51] Senecal S, Nantel J. The influence of online product recommendations on consumers' online choices [J]. Journal of Retailing, 2004, 80 (2): 159 - 169.

[52] Sheldon P J. e-Tourism: Information Technology for Strategic Tourism Management: By Dimitrios Buhalis [J]. Annals of Tourism Research, 2004, 31 (3): 740 - 741.

[53] Sigala M. A supply chain management approach for investigating the role of tour operators on sustainable tourism: the case of TUI [J]. Cheminform, 2008, 16 (15): 1589 - 1599.

[54] Smith S L J, Xiao H. Culinary tourism supply chains: A preliminary examination [J]. Journal of travel research, 2008, 46 (3): 289 - 299.

[55] Stevens G C. Integrating the supply chain [J]. International Journal of Physical Distribution & Materials Management, 1989, 19 (8): 3 - 8.

[56] Sussmann S, Vanhegan H J. Virtual Reality and the Tourism Product: Substitution or Complement? [C] European Conference on Information Systems, Trends in Information and Communication Systems for the, Century, Ecis 2000, Vienna, Austria, July. DBLP, 2000: 1077 - 1083.

[57] Tapper R, Font X. Tourism supply chains: report of a desk research project for the travel foundation [R]. Leeds Metropolitan University, Environment Business & Development Group, 2004.

[58] Tepelus C M. Tracking travel and tourism: towards sustainability reporting for tour operators [R]. International Institute for Industrial Environmental Ecoomics, 2000, Lund.

[59] Theuvsen L. Vertical integration in the European package tour business [J]. Annals of tourism Research, 2004, 31 (2): 475 - 478.

[60] Tsaur S H, Yung C Y, Lin J H. The relational behavior between whole sale and retailer travel agencies evidence from Taiwan [J]. Journal of Hospitality & Tourism Research, 2006, 30 (3): 333 - 353.

[61] Veronneau S, Roy J. Global service supply chains: An empirical study of current practices and challenges of a cruise line corporation [J]. Tourism Management, 2009, 30 (1): 128 - 139.

[62] Williams P, Hobson J P. Virtual reality and tourism: fact or fantasy? [J]. Tourism Management, 1995, 16 (6): 423 - 427.

[63] Xiang Z, Pan B. Travel queries on cities in the United States: implications for search engine marketing for tourist destinations. [J]. Tourism Management, 2011, 32 (1): 88 - 97.

[64] Yilmaz Y, Bititci U S. Performance measurement in tourism: a value chain model [J]. International Journal of Contemporary Hospitality Management, 2006, 18 (4): 341 - 349.

[65] Zailani S, Iranmanesh M, Yusof N, et al. Effects of service supply chain practices on the profitability of tourism firms [J]. Anatolia-An International Journal of Tourism and Hospitality Research, 2015, 26 (4): 612 - 623.

[66] 白海霞，普荣，朱桂香. 旅游地低碳发展背景下的绿色旅游供应链构建与绩效评价 [J]. 企业经济, 2015 (5): 105 - 108.

[67] 白凯，吕洋洋，李薇薇. 旅游网站信息类型、品牌与服务保证对网站信任的影响 [J]. 旅游学刊, 2014, 29 (3): 91 - 99.

[68] 蔡礼辉，饶光明. 跨境电商供应链绩效评价 [J]. 财会月刊, 2016 (27): 78 - 81.

[69] 蔡小青. 延迟策略在精敏供应链管理中的应用 [J]. 中国市场, 2013 (6): 44 - 45.

[70] 曹斌. 互联网上旅游评论的情感分析及其有用性研究 [D]. 哈尔滨: 哈尔滨工业大学, 2008.

[71] 曹会林. 中外在线旅游盈利模式比较分析 [J]. 中国水运（学术版）, 2006, 6 (5): 130 - 131.

[72] 曹新向. 充分利用网络，为旅游研究和决策服务 [J]. 旅游学刊, 2007, 22 (5): 12 - 13.

[73] 陈涛，李佼. 基于大数据的旅游服务供应链管理研究 [J]. 电子政务, 2013 (12): 32 - 40.

[74] 陈艳. 基于双向问责制的供应链合作 [J]. 企业管理, 2014 (5): 96 - 99.

[75] 陈扬乐，杨葵，黄克己. 旅游服务供应链构建及运营机制探究 [J]. 商场现代化, 2010 (16): 34 - 35.

[76] 陈喆芝，赵黎明，许静. 基于微分博弈的旅游供应链低碳合作研究 [J]. 旅游学刊, 2016, 6: 38 - 49.

[77] 程萍，严艳. 旅游微博新媒介对旅游者的吸引力研究——基于对艺龙旅行网新浪微博的网络文本分析 [J]. 旅游论坛, 2012, 5 (3): 22 - 26.

[78] 戴光全，陈欣. 旅游者摄影心理初探——基于旅游照片的内容分析 [J]. 旅游学刊, 2009, 24 (7): 71 - 77.

[79] 邓辉. "智慧旅游"认知重构 [J]. 中南民族大学学报（人文社会科学版）, 2015, 35 (4): 33 - 38.

[80] 冯海霞. 我国旅游电子商务网站核心竞争力研究 [J]. 经济论坛, 2009 (4): 114 - 117.

[81] 傅细三. 旅游信息化研究文献综述 [J]. 商业时代, 2009 (2): 95 - 96.

[82] 高静，肖江南. 我国旅游网站建设评价初探——以携程旅行网为例 [J]. 情报杂志, 2005 (4): 38 - 40.

[83] 高志洋. 旅游供应链管理研究新范式社会网络分析范式 [J]. 商业经济研究, 2016, 7: 187 - 189.

[84] 官志华. 关于供应链中核心企业的定位及其演变趋势的研究 [D]. 汕头: 汕头大学, 2004.

[85] 郭海玲，严建援，张丽，等．旅游服务供应链形成动因及其模式演进［J］．物流技术，2011，30（23）：169－173.

[86] 郭雅琴．网上旅游代理商的形成机理研究——以携程为例［D］．北京：北京交通大学，2009.

[87] 何秋亚．基于游客视角的旅游目的地旅游信息官方网站评价研究——以南京、杭州为例［J］．江苏商论，2016（1）：64－69.

[88] 侯建娜，李仙德．在线旅游国内外研究进展与展望［J］．世界地理研究，2011，20（1）：151－158.

[89] 胡芬，张进．虚拟旅游体验者满意感影响因素研究［J］．湖北大学学报（哲学社会科学版），2013，40（3）：129－132.

[90] 黄晶，吕维霞，刘宇青．旅游目的地供应链管理对游客满意度的影响因子分析［J］．旅游论坛，2010，3（4）：401－406.

[91] 黄立国．我国旅游供应链的协调研究［J］．商业时代，2010（2）：38－39.

[92] 黄猛，舒伯阳．以在线旅游服务商为核心的新型旅游供应链构建研究［J］．湖北社会科学，2015（4）：83－88.

[93] 黄莎，陈金华，陈秋萍．基于网络信息嵌入性的旅游目的地形象传导研究［J］．人文地理，2012，27（3）：109－114.

[94] 黄思思．国内智慧旅游研究综述［J］．地理与地理信息科学，2014，30（2）：97－101.

[95] 黄先开，张丽峰，丁于思．百度指数与旅游景区游客量的关系及预测研究——以北京故宫为例［J］．旅游学刊，2013，28（11）：93－99.

[96] 吉根宝，王丽娟．国内外智慧旅游研究进展［J］．生态经济，2015，31（12）：107－110.

[97] 贾鸿雁．长三角地区城市旅游网站信息构建与服务评价［J］．情报科学，2015，33（5）：129－133.

[98] 蓝伯雄，郑小娜，徐心．电子商务时代的供应链管理［J］．中国管理科学，2000，8（3）：127.

[99] 黎巎．旅游信息化作为旅游产业融合方式的历史背景与发展进程［J］．旅游学刊，2012，27（7）：7－8.

[100] 李菲菲，田剑．在线旅游企业商业模式创新研究：以“同程旅游”为例［J］．江苏科技大学学报（社会科学版），2016，16（4）：96－101.

[101] 李君轶，杨敏．基于Web数据挖掘的旅游需求分析与预测［J］．旅游科学，2007，21（6）：47－52.

[102] 李山，邱荣旭，陈玲．基于百度指数的旅游景区络空间关注度：时间分布及其前兆效应［J］．地理与地理信息科学，2008，24（6）：102－107.

[103] 李万立，李平，贾跃千．旅游供应链“委托—代理”关系及风险规避研究［J］．旅游科学，2005（4）：22－27.

[104] 李万立，李平，张萍萍．欧洲旅行社供应链管理实践与启示［J］．桂林旅游高等专科学校学报，2006（1）：112－115.

[105] 李万立，燕浩鹏，李平．关于旅游供应链研究中几个问题的思考——兼与路科同志商榷［J］．旅游学刊，2007（9）：92－96.

[106] 李伟，李慧凤，杨洁．基于智慧旅游视角的景区网站服务功能及其评价——以华北地区10家5A级旅游景区网站为例［J］．资源开发与市场，2015，31（9）：1149－1152.

[107] 李秀起，赵艳萍．供应链合作伙伴关系中信任行为分析［J］．中国物流与采购，2010，14：60－61.

[108] 李雪梅．旅游网站的运营模式研究［D］．北京：北京邮电大学，2007.

[109] 李永丽，覃家君．我国网络旅游建设中存在的问题与对策研究［J］．科技进步与对策，2003，20（11）：165－166.

[110] 李云鹏，胡中州，黄超，等．旅游信息服务视阈下的智慧旅游概念探讨［J］．旅游学刊，2014，29（5）：106－115.

[111] 李祇辉．地方政府官方旅游网站信息服务评价研究——以30个地方政府官方旅游网站为例［J］．江苏商论，2010（3）：73－75.

[112] 梁尧忠，罗振雄．国际旅游信息化研究［J］．旅游学刊，2012，27（9）：4－5.

[113] 刘昌贵，但斌．供应链战略合作伙伴关系的建立与稳定问题［J］．软科学，2006，3：42－45.

[114] 刘恩波．中国虚拟旅游网站现状分析［J］．惠州学院学报（社会科学版），2006（4）：37－39＋116.

[115] 刘浩．旅游供应链可靠性评价与管理［J］．商业时代，2011（29）：135－136.

[116] 刘庆余．PPG模式与旅游业供应链管理创新［J］．旅游学刊，2008（9）：54－59.

[117] 刘蓉．基于因子分析和对应分析的旅游电子商务网站评价［J］．电子商务，2013（4）：33－34＋39.

[118] 刘益，杨艳荣．景区线上团购影响因素研究［J］．商业研究，2014（450）：166－173.

[119] 龙茂兴，孙根年，马丽君，等．区域旅游网络关注度与客流量时空动态比较分析——以四川为例［J］．地域研究与开发，2011，30（3）：93－97.

[120] 卢政营．国外网络虚拟旅游研究述评：回顾与展望［J］．旅游学刊，2009，24（12）：83－89.

[121] 卢志刚，林卡．基于声誉的供应链合作伙伴选择模型［J］．计算机工程，2015，41（6）：152－157.

[122] 路科．旅游业供应链新模式初探［J］．旅游学刊，2006（3）：30－33.

[123] 路紫，赵亚红，吴士锋，等．旅游网站访问者行为的时间分布及导引分析［J］．地理学报，2007，62（6）：621－630.

[124] 罗爱民．基于知识共享的关联供应链合作激励机制分析［J］．商业经济研究，2017

(24)：14 - 16.
[125] 骆高远，陆江东．“虚拟旅游”发展探析 [J]．消费经济，2011，27 (3)：46 - 49 + 54.
[126] 吕兴洋，徐虹，殷敏．基于渠道权力理论的旅游供应链企业关系博弈分析 [J]．旅游学刊，2010，25 (12)：23 - 27.
[127] 吕洋洋，白凯．旅游交易网站消费者评价维度研究——以携程网为例 [J]．旅游科学，2014，28 (2)：49 - 60.
[128] 马丽君，孙根年，黄芸玛，等．城市国内客流量与游客网络关注度时空相关分析 [J]．经济地理，2011，31 (4)：680 - 685.
[129] 马士华，王一凡，林勇．供应链管理对传统制造模式的挑战 [J]．华中理工大学学报 (社会科学版)，1998 (2)：65 - 68.
[130] 苗学玲．自驾车旅游研究的新视角：旅游网络论坛的主帖分类研究 [J]．商业研究，2006，34 (3)：157 - 162.
[131] 裘伟廷．虚拟旅游的喜与忧 [J]．旅游科学，1999 (3)：9 - 13.
[132] 屈册．基于网络文本分析的旅游世界建构对比研究——以平遥古城为例 [J]．北京第二外国语学院学报，2014 (3)：69 - 79.
[133] 任慧娟，刘利华，肖霄，等．信息技术在供应链管理中的应用 [J]．信息技术，2012 (9)：9 - 11.
[134] 任乐，崔东佳．基于网络搜索数据的国内旅游客流量预测研究——以北京市国内旅游客流量为例 [J]．经济问题探索，2014 (4)：67 - 73.
[135] 任媛媛．信息经济背景下虚拟旅游发展战略探析 [J]．商业时代，2012 (22)：126 - 127.
[136] 尚利，王爱军，吕玉惠．基于集成化供应链的内部绩效评价研究 [J]．现代电子技术，2015，38 (3)：108 - 111.
[137] 尚扬．影响供应链快速响应的因素分析 [J]．科技信息，2011 (5)：261 - 262.
[138] 沈和江．网络旅游发展的价值取向与认知 [J]．旅游学刊，2007 (6)：10 - 11.
[139] 舒波．国内外旅游服务供应链及复杂网络相关研究综述与启示 [J]．旅游科学，2010，24 (6)：72 - 83.
[140] 隋博文．跨境农产品供应链联盟绩效评价研究——基于广西—东盟的实证分析 [J]．北京交通大学学报 (社会科学版)，2017，16 (3)：129 - 136.
[141] 汤洁娟．我国虚拟旅游系统建构与应用研究 [J]．求索，2016 (4)：139 - 142.
[142] 田志伟．面向顾客价值的供应链精敏能力评价研究 [D]．兰州：兰州理工大学，2011.
[143] 涂红伟，郭功星．在线旅游消费者是积极主动还是消极逃避？—认知需要对困惑与满意度的影响 [J]．旅游学刊，2018，33 (7)：91 - 102.
[144] 万绪才．基于旅游服务功能的饭店网站评价初步研究——以南京市星级饭店为例 [J]．旅游学刊，2007 (7)：64 - 67.

[145] 王碧含. 虚拟旅游感知价值的影响因素分析 [J]. 商业时代，2012 (5)：123-124.
[146] 王芬. 以景区为核心的绿色旅游供应链运作研究 [J]. 浙江海洋学院学报（人文科学版），2010，27 (2)：52-55.
[147] 王克稳，徐会奇. 国外旅游供应链研究综述 [J]. 中国流通经济，2012，26 (5)：45-50.
[148] 王生卫. 网络旅游产业链的构建及其实现途径分析 [J]. 安徽农业科学，2009，37 (8)：3795-3797.
[149] 王守成，郭风华，傅学庆，等. 基于自发地理信息的旅游地景观关注度研究——以九寨沟为例 [J]. 旅游学刊，2014，29 (2)：84-92.
[150] 王永强. 以市场为导向的旅游目的地供应链的构建 [D]. 乌鲁木齐：新疆大学，2013.
[151] 王媛，许鑫，冯学钢，等. 基于文本挖掘的古镇旅游形象感知研究——以朱家角为例 [J]. 旅游科学，2013，27 (5)：86-95.
[152] 魏丽英，路科. 旅游业供应链模式的嬗变与发展趋势 [J]. 商业时代，2014 (24)：124-126.
[153] 文秋红. 网络旅游的独特性及其发展趋势探析 [J]. 商业时代，2010 (16)：48-49.
[154] 吴茂英，黄克己. 网络志评析：智慧旅游时代的应用与创新 [J]. 旅游学刊，2014，29 (12)：66-74.
[155] 吴英鹰. 大数据背景下旅游企业网络营销的创新——基于 AISAS 消费者行为分析 [J]. 中国商贸，2013 (35)：107-108.
[156] 伍春，唐爱君. 旅游供应链模式及其可靠性评价指标体系构建 [J]. 江西财经大学学报，2007 (5)：107-109.
[157] 武红，路紫，刘宁. 我国旅游网站功能评估及对策研究 [J]. 情报杂志，2004 (2)：72-74.
[158] 夏晶. 打造中国西部绿色旅游供应链 [J]. 资源开发与市场，2006 (6)：585-587.
[159] 熊伟，叶淋玮. 我国虚拟旅游网站的功能评价研究 [J]. 人文地理，2011，26 (2)：154-160.
[160] 徐海艳. 快速响应型服装供应链的实现机制研究 [J]. 中国商贸，2013，7：82.
[161] 徐虹. 供需环境变化对旅游目的地供应链内涵的影响研究 [J]. 北京第二外国语学院学报，2009，31 (9)：14-19.
[162] 徐会奇，卢强，王克稳. 基于散客市场的网络中间商旅游供应链构建研究 [J]. 商业研究，2013 (10)：197-203.
[163] 徐会奇，齐齐，王克稳. 基于网络化环境的旅游供应链构建研究 [J]. 商业研究，2013 (3)：205-211.

[164] 徐素宁，韦中亚，杨景春．虚拟现实技术在虚拟旅游中的应用［J］．地理学与国土研究，2001（3）：92 - 96.

[165] 阎友兵，马朋．基于 DEA 方法的旅游电子商务网站效率评价研究［J］．湖南财政经济学院学报，2013，29（4）：32 - 36.

[166] 杨晶．基于多元结构的旅游供应链协调机制研究［D］．厦门：厦门大学，2009.

[167] 杨丽，李帮义．以旅行社为核心的旅游供应链构建研究［J］．经济问题探索，2008（7）：101 - 105.

[168] 杨丽．美国旅游电子商务研究［J］．社会科学家．2001，16（6）：47 - 51.

[169] 杨敏．基于关键词查询的旅游目的地在线信息关注度分析——以我国 8 大旅游热点城市为例［J］．资源开发与市场，2014，30（2）：244 - 251.

[170] 杨树，杜少甫，梁樑，等．旅游供应链最优服务质量决策［J］．管理科学学报，2009，12（3）：37 - 43.

[171] 杨锁强，王国玉，张梁．旅游网站的信息产品策略与营销模式研究［J］．情报杂志，2003（12）：55 - 57.

[172] 姚唐，郑秋莹，邱琪，等．网络旅游消费者参与心理与行为的实证研究［J］．旅游学刊，2014，29（2）：66 - 74.

[173] 姚占雷，许鑫，李丽梅，等．网络游记中的景区共现现象分析——以华东地区首批国家 5A 级旅游景区为例［J］．旅游科学，2011（2）：39 - 46.

[174] 殷冉红．网上营销与旅游业—兼议对中国旅游业的影响［J］．北京第二外国语学院学报，2000，95（5）：101 - 112.

[175] 于海波．网络话题作为定性数据来源的研究方法探讨——以旅游动机研究为例［J］．旅游科学，2011，25（1）：46 - 53.

[176] 于萍．虚拟旅游初探［J］．新乡学院学报（社会科学版），2008（1）：70 - 74.

[177] 袁国宏，郭强．旅游价值链系统管理与旅游可持续发展关系的实证研究［J］．管理学报，2015，12（6）：888 - 895.

[178] 袁梦如，何雨．我国 5A 级旅游景区网站功能评价及优化对策［J］．旅游研究，2012，4（1）：43 - 48.

[179] 张定方，阮舒宁．虚拟旅游网站发展探析［J］．商业时代，2011（10）：131 - 132.

[180] 张高军，李君轶，张柳．华山风景区旅游形象感知研究——基于游客网络日志的文本分析［J］．旅游科学，2011（4）：87 - 93.

[181] 张凌云，黎巎，刘敏．智慧旅游的基本概念与理论体系［J］．旅游学刊，2012，27（5）：66 - 73.

[182] 张文华．对我国在线旅游盈利模式的思考［J］．商场现代化，2008（17）：262.

[183] 张晓明，张辉，毛接炳．旅游服务供应链中核心企业演变趋势的探讨［J］．中国商贸，2010（8）：165 - 166.

[184] 张晓明，张辉，毛接炳．旅游服务供应链中若干环节的协调［J］．城市发展研究，2008（5）：139 - 143.

[185] 张妍妍，李君轶，杨敏．基于旅游数字足迹的西安旅游流网络结构研究［J］．人文地理，2014（4）：111－118.

[186] 张英姿．初探旅游服务供应链管理［J］．雁北师范学院学报，2005（1）：22－24.

[187] 张玉改，兰贵秋．关于我国旅游信息化建设的思考［J］．江苏商论，2006（3）：64－65.

[188] 赵峰，俞亦舟，杨光．基于SPSS因子分析法的数据挖掘的供应链绩效评价［J］．科技信息，2013（33）：48－49.

[189] 赵振斌，党娇．基于网络文本内容分析的太白山背包旅游行为研究［J］．人文地理，2011（1）：134－139.

[190] 郑鹏，马耀峰，李天顺．虚拟照进现实：对虚拟旅游的研究内核及范畴之思考［J］．旅游学刊，2010，25（2）：13－18.

[191] 郑四渭，方芳．虚拟集群式旅游供应链模型构建研究［J］．旅游学刊，2014，29（2）：46－54.

[192] 周波，周玲强．国外智慧旅游商业模式研究及对国内的启示［J］．旅游学刊，2016，31（6）：8－9.

[193] 周春林，杨洁，俞肇元．旅游电子商务网站内容交付性测量与评价研究［J］．旅游学刊，2010，25（12）：37－43.

[194] 周玲强，陈志华．旅游网站对旅游业价值链的再造［J］．商业研究，2003（19）：130.

[195] 周永广，马燕红．基于携程网自由点评的游客满意度评价及游客管理研究——以黄山风景区为例［J］．地理与地理信息科学，2007（2）：97－100.

[196] 周志民，郑雅琴，陈然，等．网络志评析：一种探索在线社群的定性方法［J］．经济与管理评论，2012（3）：47－53.

[197] 朱峰，吕镇．国内游客对饭店服务质量评论的文本分析——以e龙网的网友评论为例［J］旅游学刊，2006（5）：86－90.

[198] 朱万春．基于VR新闻角度探析中国虚拟旅游的深度开发［J］．新闻战线，2017（12）：70－71.